KB163646

패션과 명품

차례
Contents

명품의 탄생

명품은 무엇인가?

문학이나 음악은 시대와 장소를 초월하여 많은 사람들에게 아름다운 감동을 선물한다. 명품이라고 불리는 패션도 감동을 선물한다는 점에서는 이와 크게 다르지 않을 것이다. 굳이 값비싼 유명 브랜드의 제품이 아니더라도, 명품은 믿을 수 있는 것이거나 오랜 세월을 두고 쓰면 쓸수록 빛을 발하고 질리지 않는 것, 희귀성이 있는 것, 조상으로부터 물려받은 것, 개인의 소중한 추억이 담긴 것 등을 가리키는 말이다. 이처럼 명품은 꼭 값비싼 것만을 의미하는 것이 아니라, 때로는 값으로 환산할 수 없을 만큼 그 자체만으로 무한한 가치를 가진 것이라고 할 수 있다.

명품의 사전적 의미는 '뛰어난 물건이나 작품'이지만, 명품이라는 우리말에 대응하는 영어의 럭셔리(Luxury)는 사실 호사품이나 사치품이라는 의미가 강하다. 럭셔리의 어원은 호사스러움을 뜻하는 라틴어 룩수스(Luxus)에서 파생된 룩수리아(Luxuria)에서 찾을 수 있는데, 이 말은 극도의 사치 또는 부패를 뜻한다. 명품의 쓰임새를 살펴봐도 상류층의 사치스러운 생활을 충족시켜 주기 위한 물건이었음은 의심의 여지가 없다. 최근 들어 명품은 모든 제품 중에서 최고 중의 최고, 가장 품질이 좋은 제품, 꼭 그런 것은 아니지만 같은 제품 중에서 가장 비싼 제품을 뜻하는 말로 쓰이고 있다.

명품 패션 브랜드는 오랜 역사와 전통을 자랑하며 최고의 기술을 가진 장인의 손에 의해 탄생된 상질(上質)의 제품으로 고객에게 지속적인 신뢰와 만족을 준다. 최고급 소재와 절제된 디자인, 세월이 흐르는 동안에도 변함없이 고수되는 질 높은 제작 공정과 소량 생산의 원칙은 모든 명품 브랜드가 이어가고 있는 장인정신의 산물이다.

해외의 콧대 높은 디자이너들은 자신이 디자인한 의상이나 액세서리, 보석류를 가리켜 스스럼없이 '작품'이라고 칭하며, 고유의 작품기호와 일련번호까지 부여한다.

과시적인 소비 경향이 뚜렷이 나타나기 시작했던 1980년대부터 명품 브랜드는 전 세계적으로 눈부신 성장을 기록하였다. 각 브랜드마다 가격과 타깃층을 낮춘 세컨드 브랜드를 개발하고, 스포츠 라인을 새롭게 런칭하며, 스타나 일류 모델을 기용한 광고 전략으로 보다 많은 고객층을 확보하기 시작했다. 국내에서도 1980년대부터 서서히 시작된 해외 브랜드의 라이선스 정책과 수입 브랜드의 도입으로 연간 해외 명품 브랜드의 전체 시장 규모는 꾸준한 성장세를 이어오면서 현재 1조 원을 초과하는 시장을 형성하고 있다.

미국의 경제학자인 베블런(Veblen)은 이미 20세기에 접어들 무렵 부자들의 '과시적인 소비'에 대해서 언급한 바 있다. 그는 부유층과 상류층의 명품 소비 지향 현상의 원인을 "자긍심을 느끼는 동시에 주위 동료나 친구들의 선망의 대상이 되기 위해서"라고 보았다.

아무리 가격이 비싸더라도 제품이 갖고 있는 라벨 자체에 투자할 만한 가치가 있다고 판단이 되거나, 자신의 이미지 관리를 위해서라면 사람들은 기꺼이 자신의 지갑을 열게 된다. 결국 대부분의 사람들은 명품 소비의 본래 목적을 대중들로부터 선망의 대상이 되고 싶거나, 자신이 추종하는 세력이나 집단에 대한 소속감을 나타내는 데 두고 있는 것이다. 이러한 요인이 명품의 지속적인 인기와 판매 급증으로 이어지는 것이다.

왕족이나 귀족, 상류층의 차별화 욕구와 과시욕에 의해 명품 소비가 형성된 것과 마찬가지로 오늘날의 일반 소비자 역시 명품을 소유함으로써 자신의 심리적인 욕구를 충족시키고 있다. 고급 또는 고가의 명품 소비가 더 이상 특정 계층의 전

유물이 아닌 세상이 된 것이다.

프랑스의 사회학자인 장 보드리야르(Jean Baudrillard)는 현대 사회를 소비사회로 규정하고 있다. 그는 현대 사회의 소비 형태가 단순히 제품을 소비하는 데 그치는 것이 아니라, 제품이 지닌 기호, 즉 상징을 소비하는 것이라고 설명한다. 이처럼 소비사회에서는 이미 필요한 것들을 충분히 가진 소비자에게 어떤 특정 제품의 소비를 통해 '당신은 특별한 사람, 선택받은 소수'라는 상징으로 감성과 욕구를 자극하여 필요 이상의 것, 즉 '더 나은 것'에 대한 소비를 부추기고 있는 것이다. 제품 그 자체나 필요에 의한 소비가 아니라 돈을 쓰는 그 이상의 만족감을 줄 수 있는 일이 기업이나 소비자 모두에게 중요해진 것이다.

명품 브랜드들은 오랜 역사와 전통을 내세우며 전략적인 광고 이미지로 제품이 갖고 있는 그 이상의 이미지를 생산하여 명품의 신화를 만들어 내고 있다. 모든 사람들은 현실 세계에서 누릴 수 없는 상상의 세계, 동경의 세계에 대한 환상적인 생각을 품고 산다. 명품 브랜드가 펼치는 광고의 상징적 이미지는 바로 우리가 꿈꾸는 신화와 환상의 세계이다. 따라서 소비자는 제품 그 자체의 실용성이나 필요성보다는 제품이 상징하는 신화적인 요소와 환상에 이끌리거나 치중함으로써 소비를 하게 되는데, 결국 이러한 소비 행위는 소비의 고급화를 추구하게 되며, 소비의 고급화 추세는 바로 명품 소비와 직결된다.

명품 브랜드 탄생의 배경

　19세기 초반까지만 해도 의복 생산은 여전히 소규모의 특수한 기술을 가진 장인의 손에 머물러 있었다. 19세기 중엽 이후, 산업혁명의 영향으로 섬유와 의류제작의 기계화 생산이 도입되자 기존의 수공예 제작 방식에서 벗어나 기성복의 시대가 활짝 열리게 되었다. 이것은 패션에 있어 획기적인 발전을 이루는 계기가 되었다. 여성의 패션은 오랫동안 코르셋, 페티코트 등 신체의 특정 부위를 억압하거나 조이는 속옷이 필수적이었다. 그러나 20세기 초반에 이르러 비로소 신체를 불편하게 하거나 거추장스러운 속옷과 겉옷으로부터 해방되면서 패션은 여성들에게 새롭고 신선한 것으로 다가올 수 있게 되었다. 이러한 역할을 담당한 것이 바로 패션 디자이너들이었다. 파리의 디자이너들은 자신의 이름으로 컬렉션을 발표하면서 서서히 자신의 이름을 알리기 시작했다. 패션계에서 최초의 디자이너로 기억되는 찰스 프레드릭 워스(Charles Frederic Worth)는 가장 처음 오늘날의 패션쇼 형태의 컬렉션을 개최한 인물이다. 20세기에 가장 기억될 만한 디자이너로 샤넬이 있다면, 파리가 패션의 중심지로 떠오르게 된 것은 19세기에 등장한 워스의 역할이 컸다. 당시 그가 운영하던 고급 맞춤 의상실(오트쿠튀르: Haute Couture)은 20세기 초 파리에서 가장 유명한 의상실로 명성이 자자했다. 워스의 활발한 디자인 활동으로 인하여 당시 남성과 여성의 의상을 제작하던 '재단사'라는 호칭은 '창작 디자이너'로 그 신분이 격상될 수 있었다. 워스는 당시로는 보기 드물게 언제든지 입어볼 수 있는 의상들을 가게에 진열해 놓았으며, 가게 안은 늘 화려한 샹들리에로 환하게 밝혀져 있었다. 그는 나폴레옹 3세의 아내였던 유제니 황후의 공식 석상용 의상과 이브닝드레스를 독점해서 만들 정도로 왕실로부터 인정받는 디자이너이기도 했다. 사실 워스 이전의 의상은 디자인 자체의 독창성보다 옷감 자체가 중요시 되었을 뿐이었다. 워스가 패션계에 영향을 끼친 것은 세계 각국을 대표하는 왕비와 공주, 황후, 대사 부인들의 의상을 직접 제작함으로써 자신을 비롯한 디자이너들의 사회적 지위 상승은 물론 왕족에게 옷을 입힌 파리의 디자이너들의 이름이 상표화 될 수 있는 계기를 마련했다는 점이다. 특정 고객을(주로 상류층이나 왕실 사람들) 대상으로 의상이나 가방을 만들기 시작한 디자이너들과 유럽의 장인들에 의해서 하나의 명품 브랜드가 탄생하기 시작한 것이다.

명품의 컨셉

소위 명품 브랜드사가 제시하는 브랜드의 절대적인 이미지는 대부분 고급스러움과 격조 높은 상류층 사회를 표방하는 것에서부터 비롯된다.

컨셉(Concept)이란 패션 회사들이 자사의 상품 개발을 위해 설정한 개념, 혹은 전체적인 경향을 의미하는 말이다. 전통적인 생산방식을 고수하면서 이미지에 걸맞는 고품격의 우아한 디자인과 최상의 품질을 자랑하는 제품들을 고객에게 선보이고 있는 명품 브랜드들의 컨셉은 하나같이 클래식을 기본으로 하면서 절제된 우아미와 세련미 등을 지향하고 있다.

1990년대부터 국내에 쏟아져 나오기 시작한 『럭셔리 *Luxury*』 『노블레스 *Noblesse*』 『프레스티지 *Prestige*』 『네이비 *Neighbor*』 등과 같은 이른바 명품 브랜드 제품만을 광고하는 잡지들이 전면적으로 내세우고 있는 것 역시 최상의 삶, 하이클래스(High Class)를 위한 라이프스타일의 제시이다.

명품의 사전적 의미가 뛰어난 물건이나 작품을 의미하는 것처럼 뛰어난 디자인과 품질이 아니면 명품이 될 수 없다. 대량생산 방식에 의해 마구잡이로 찍어내는 제품이 아니라, 탁월한 기교와 솜씨를 자랑하는 장인의 한땀한땀 노력에 의해 탄생하는 하나의 예술품과 같은 명품을 누리고 선택하는 하이클래스의 삶 자체가 명품 브랜드의 컨셉으로 이용되고 있는 것이다.

명품의 상징, 로고

C자를 맞대어 놓은 샤넬 브랜드의 로고를 기억할 것이다. 그리고 루이비통의 LV, 구찌의 G, 랄프 로렌의 폴로 선수 도안, 페라가모의 간치니(말발굽) 문양 등 로고와 문양만 보고도 이미 우리는 그것이 어느 브랜드 제품이며 얼마나 값비싼 제품인지

를 쉽게 알 수 있다. 때로는 로고를 드러내면서 혹은 의도적으로 애써 로고를 작게 하거나 아예 감추어 버림으로써 브랜드의 신비감을 조성하려는 명품 브랜드들의 로고를 둘러싼 많은 시도들이 공공연히 행하여지고 있다.

패션계에 새롭게 럭셔리 바람이 불어 닥치기 시작했던 1980년대에는 전 세계적으로 과시적인 패션을 지향하는 경향이 뚜렷하게 나타났다. 패션에 있어 돈과 이미지는 그 어느 때보다 밖으로 드러내려는 경향이 강했다. 사람들은 고가의 명품 브랜드 의상과 액세서리를 소비하고 착용함으로써 자신을 차별화 할 수 있었으며, 자신의 재력을 겉으로 드러낼 수 있었다. 명품 브랜드의 로고야말로 이들의 욕구에 즉각적으로 부응할 수 있었던 것이다. 전면에 로고가 새겨진 루이비통 가방, F자가 역대칭으로 맞물린 펜디의 핸드백, 깔끔한 C 로고의 샤넬 장신구와 핸드백, G 로고가 버클 형태로 디자인된 구찌의 벨트, 번쩍이고 화려한 외관만으로도 단번에 어느 제품인지 알아볼 수 있는 로렉스와 까르티에의 시계, 금속 삼각형 모양의 로고가 박힌 프라다 가방 등은 제품 자체의 우수한 품질과 디자인에 앞서 이미 널리 인지된 로고와 외관만으로 특정 브랜드의 얼마나 값이 나가는 제품인지를 쉽게 판별할 수 있게 해주는 것이다. 이밖에도 버버리의 체크 무늬나 에트로의 페이즐리 문양, 미소니의 컬러 패턴, 프라다의 나일론 천과 같이 특정 브랜드의 대표적인 소재나 패턴 역시 로고만큼이나 브랜드를 잘 표현하는 요소이다. 그러다 보니 역으로 손쉽게 가짜,

즉 일명 '짝퉁'이 생산될 수 있는 것이 아닐지 모르겠다. 물론 명품에 대한 높은 인기와 수요 자체가 가짜 상표의 생산을 부추기는 요인이 되기도 한다. 자세히 살펴보면 글자체가 다르거나 로고의 재질, 혹은 색상이 미묘하게 다른 가짜 로고가 부착된 자사의 모조품 때문에 골머리를 앓으면서도 거대한 명품 브랜드답게 짝퉁의 남발 자체가 브랜드의 인기도 때문이라는 낙관적인 태도를 보여주는 명품 브랜드사도 있다.

명품 브랜드는 창업자의 이름이 그대로 브랜드명, 회사명으로 사용된 경우가 많다. 자국이 아닌 해외의 소비자들에게는 그 이름이 읽히기 어렵거나 쉽게 기억시키기도 어려운 측면이 있다. 따라서 이를 대신하여 한눈에 쏙 들어오는 간결하고 세련된 브랜드의 로고야말로 브랜드명과 제품을 인지시키는 데 가장 효과적인 요소가 되는 것이다. 급기야 많은 명품 브랜드들은 이미 소비자들에게 잘 각인된 자사의 로고를 제품의 장식적인 측면에까지 이용하고 있다. 이는 여러 가지 상승효과까지 기대할 수 있기 때문이다. 즉, 이들은 소비자들의 명품 소비 목적에는 실제 상품의 소유보다는 로고를 소유하고자 하는 심리가 더 크게 작용하고 있다는 사실을 잘 알고 이를 마케팅 전략으로 사용하고 있는 것이다.

명품 브랜드의 세계

    가내 수공업 형태로 시작되었던 명품 브랜드들은 계속되는 적자를 감당하기 어려워지자 자사 브랜드명이 부착된 보다 많은 품목을 개발하여 고객층의 확대를 꾀하였다. 이러한 자구책으로 소위 명품의 대중화를 이끌어내며 수익을 증대시킬 수 있었지만, 오히려 늘어난 고객층을 상대로 하는 마케팅에 대응하기 위해서 지주회사를 찾거나 인수·합병(M&A)의 경영 방법을 수용할 수밖에 없었다. 또한 고객층의 확보와 매출 신장을 위해 보다 많은 품목을 개발, 확대하게 되면서 명품 스스로가 상업주의로 전락하며 획일성, 저속성의 경향을 띠게 되었다는 부정적인 평가를 받기도 하였다. 하지만 오랜 역사와 전통을 자랑하는 해외 명품 브랜드 역시 치열한 패션 시장에서 그 생명을 유지하기 위해선 기존의 무겁고 차분한 분위기에서 벗어나 최첨단 유행을 선도하는 신선한 브랜드로 거듭나기 위한 이미지 변신과 다양한 품목의 개발로 매출 신장을 도모하려는 노력이 필요하다. 특히 이 같은 철저한 마케팅 능력이야말로 명품이 명품으로 오랫동안 고객의 사랑을 받을 수 있게 하는 원동력이라 해도 과언이 아니다. 명품 자체의 뛰어난 디자인과 품질만으로도 고객의 시선을 끌 수 있겠지만, 선진적인 마케팅 능력이야말로 브랜드 이미지를 향상시키고 새로운 시장의 확대는 물론 궁극적으로는 매출 신장이라는 기업의 목표를 달성해 낼 수 있는 것이다. 세계적인 명품 브랜드의 성공은 이러한 마케팅 역할을 빈틈없이 수행할 수 있는 자본력과 조직력을 지닌 그룹의 존재가 뒷받침되어 있기 때문에 가능했던 것이다.

명품 브랜드의 세계에서 명품의 수도라 할 만한 파리에 대해서 살펴보지 않을 수 없다. 프랑스 파리의 패션 흐름을 살펴봄으로써 우리는 명품 브랜드의 세계에 관해서 보다 잘 이해할 수 있을 것이다.

프랑스의 명품 산업은 80여 개에 달하는 명품 업체의 연합회인 코미테 콜베르(Comité Colbert)에 의해 움직이고 있다. 협회 차원의 명품 코미테 콜베르 이외에 명품 산업에서 차지하는 세계 4대 명품 그룹의 영향력 역시 간과할 수 없다. 세계 명품 시장을 주도하며 4대 그룹 중 가장 대표적인 프랑스의 LVMH, 그리고 스위스의 리치몬드 그룹, 이탈리아의 구찌 그룹, 프라다 그룹이 이에 속한다. 프랑스의 명품 협회와 이들 명품 그룹의 활동을 이해하면 명품 브랜드의 지속적이며 거듭되는 성공의 비결에 대해 알 수 있을 것이다.

명품 패션의 중심지, 파리

패션의 발전 초기단계에 실, 옷감, 의상의 제작은 가정이나 소규모 작업실 또는 상점의 여성과 장인들에 의해 수공으로 생산되던 것이 전부였고, 재단사가 남성과 여성의 외출복 모두를 제작하고 있었다. 가장 간단한 의류조차도 수공으로 재단되고 바느질되어 만들어졌기 때문에 의복은 개별적인 고객의 주문에 따라 맞춤 제작되었으며, 부유층을 위한 유행 의류는 특정한 기술과 노력이 필요했다. 당시 천과 의복은 상당한 시간을 필요로 하는 노동의 산물이었으나 높은 가치가 있는 상품이었으며, 패션 전반의 모든 과정이 수작업으로 이루어졌기 때문에 실제 의복 기술의 발전뿐만 아니라 직조업과 자수업에 이르는 모든 부속과 장신구 분야의 발전도 가져올 수 있었다.

20세기 초, 최초로 오늘날의 패션쇼 형태가 파리에서 개최되자 파리의 패션을 보기 위해 해외로부터 몰려든 바이어와 저널리스트들이 파리 패션에 열광하기 시작했다. 부유한 사람들에게 한정되었던 파리 디자이너들의 최신 패션은 유럽과 미국으로까지 디자인 견본이 팔려나가게 되었다. 이때의 컬렉션은 다음에 설명하게 될 오트쿠틔르 형식의 컬렉션이었다. 미국의 바이어들은 주문을 전제로 파리 디자이너들의 컬렉션에 입장할 수 있었고, 컬렉션에서 발표되는 파리 디자이너들의 디자인은 널리 미국에 판매되어 수많은 모조품이 생산되었다.

19세기의 파리 백화점(프랑스에선 이미 1800년 초에 백화점이 창설되었다) 형태는 개별적인 고객의 주문에 따라 맞춤 제작되고 있었기 때문에 더욱 호화스럽고 사치스러운 분위기가 고조되어 있었다. 그러던 것이 점차 카탈로그와 통신 주문을 통해 패션을 판매하게 됨으로써 보다 넓은 범위의 사람들에게 패션을 소개할 수 있었고, 패션 잡지는 전 세계 독자들에게 파리 최신 패션을 전하는 역할을 담당하였다.

기성복 패션이 본격적으로 활기를 띠게 될 1970년 이전까지 파리의 패션은 오트쿠틔르가 완전히 주도하고 있었으며, 오트쿠틔르 존재 자체가 파리 패션을 대표하는 것이었다. 그러나 파리 오트쿠틔르는 외국의 기성복 업체들에게 디자인 견본을 판매함으로써 상당한 수입을 거둬들일 수 있었던 반면, 그들이 자국에서 파리 오트쿠틔르 디자인복제품을 무단으로 대량 생산하여 판매할 수 있는 길을 열어 주는 부작용을 야기하기도 했다.

파리의 패션은 미국을 비롯한 해외로 모델과 스케치를 활발히 팔 당시만 하더라도 전 세계에 미치는 영향이 과히 독보적인 것이었다. 그러나 전쟁이 발발하게 되자 파리로 향하는 왕래가 두절되어 미국을 비롯한 유럽 국가들은 각기 독자적인 패션의 길을 걸을 수밖에 없었지만, 이를 계기로 오히려 자국 패션 시장을 발전시키는 긍정적인 성과를 거둘 수 있었다. 반면 파리 패션은 침체기를 맞이하게 되었다.

파리의 고급 의상점 관련자들과 제조업자들은 이미 19세기 중엽에 하나의 협회를 구성하여(파리 고급 의상점 조합: La Chambre Syndicale de la Couture Parisienne) 조합원 상호간의 단합을 도모함은 물론 파리의 패션을 해외로 알리는 업무를 수행했다. 20세기 초, 고급 맞춤의상실을 경영하는 쿠틔르 조합이 협회에서 분리해 나옴으로써 개별 고객을 위한 맞춤의상실인 오트쿠틔르와 일반 고객들을 대상으로 하는 기성복 제조업 간의 활동이 뚜렷한 차이를 나타내게 되었다. 파리에서는 전자에 해당하는 오트쿠틔르와 후자에 해당하는 프레타포르테라는 두 가지 형태의 패션이 존재하게 되었으며 각기 개별적인 컬렉션이 오늘날까지 이어져 오고 있다.

파리 패션의 두 가지 형태: 오트쿠틔르와 프레타포르테

오트쿠틔르

오트쿠틔르(Haute Couture)에서 쿠틔르(Couture)는 불어로 바느질 혹은 꿰맨다는 의미이며, 쿠틔리에(Couturier)란 남자 재봉사를, 쿠틔리에르(Couturiere)는 여자 재봉사를 뜻한다. 17세기까지만 해도 쿠틔리에(혹은 쿠틔리에르)는 하찮은 신분의 직업에 해당했다. 이들은 양복을 짓는 재단사와 란제리 제조업자에게 고용되어 그들의 명령에 따라 옷을 만들고 있었다. 17

세기 말엽, 프랑스의 국왕 루이 14세의 명령에 따라서 쿠티리에(르)들이 직접 남녀 고객에게 옷을 만들어 입힐 수 있도록 허락되면서부터 이들은 명망 높은 고객들을 직접 자신의 메종(Maison: 쿠티르 비즈니스, 후에 House라고 불리게 됨)으로 불러들일 수 있게 되었고 동시에 사회적인 지위까지 상승하게 되었다. 이들에 의해 시작된 오트쿠티르는 질이 높은 디자인이나 옷을 만드는 일을 뜻하게 되었고, 패션계에서는 흔히 고급 의상실을 의미하게 되었다.

파리의 수많은 디자이너들이 맞춤복을 전문으로 하는 오트쿠티르 형태로 디자인 활동을 시작했으며, 오늘날의 오트쿠티르는 규모면에서 의상실보다 '패션 하우스'라는 확대된 개념으로 해석되고 있다.

오트쿠티르의 디자이너들은 현재까지 오트쿠티르 조합 위원회에서 정한 엄격한 규칙을 준수하며 활동하고 있다. 오트쿠티르 소속 디자이너들은 첫째, 파리 현지에서 모든 작품 활동을 수행해야 하며, 매년 1월과 7월에 개최되는 연 2회의 컬렉션에서는 최소 50여 작품 이상을 발표해야 한다. 그리고 모든 작품은 10명 이상으로 구성된 뛰어난 장인들의 정교한 수작업으로 제작되어지는 것이어야 한다. 오트쿠티르를 위한 고도의 수작업에는 자수, 레이스, 깃털 장식 등과 같은 부수적인 장식물 제작까지 포함되므로, 오트쿠티르 작품 제작에 걸리는 시간만도 대개 100시간에서 200여 시간이 소요되는 것이 보통이다. 오트쿠티르는 디자이너의 뛰어난 독창성과 디자인,

그리고 고도로 숙련된 장인들의 기술이 보태어진 최고 수준의 작품만을 선보이게 되는 것이다.

오트쿠틔르의 주 고객은 왕족을 비롯하여, 세계 각국의 상류층, 아랍의 석유 부호들과 같은 부유층, 그리고 연예계 스타들로 이루어진다.

그러나 오트쿠틔르는 노동집약적인 생산과정으로 인해 가격이 더욱 상승하고, 오트쿠틔르에 눈을 돌리는 부유층 고객의 수가 점차 감소하는 등의 부정적인 요인으로 인해 그 인기와 명성이 점차 빛을 잃어가고 있다. 또한 오트쿠틔르 작품의 디자인이 다른 컬렉션이나 프레타포르테(Prêt-à-porter)에 아이디어가 도용되거나 빈번히 모델이 무단 복제되는 수난을 겪는가 하면, 급격히 성장하는 기성복(프레타포르테)으로부터 상당한 위협을 받게 되었다. 1968년 프랑스의 대표적인 디자이너 중 한 사람이었던 발렌시아가는 오트쿠틔르의 종말을 예고하며 자신의 오트쿠틔르 의상실을 닫았다. 그리고 1971년 샤넬의 사망으로 파리 오트쿠틔르의 앞날은 더욱 예측불허의 상태에 빠졌다. 결국 1980년대 중반에 이르러서는 오트쿠틔르의 고객수가 전 세계적으로 2~3천 명 정도에 불과했으며 정기적인 고객의 수는 그보다 훨씬 적은 6~7백 명에 그치게 되었다. 오트쿠틔르 디자이너들은 기성복과 향수, 화장품과 같은 분야로 사업을 확대하기 시작했다. 파리 정부와 여타의 재정적 후원 역시 오트쿠틔르가 그 창의적인 역량을 발휘하며 존속되는 데 힘이 되고 있다.

현재 오트쿠틔르 컬렉션은 세계 각국의 패션 저널리스트들과 패션 관계자들로부터 존속의 우려와 찬탄을 동시에 받고 있다. 하지만 오트쿠틔르 존속에 대한 우려는 결코 현실로 드러나지 않을 것이다. 오트쿠틔르의 존속은 오트쿠틔르를 통한 파리 패션의 홍보 효과뿐만 아니라 라이선스를 통한 다양한 상품의 이미지 상승효과 등의 간접적인 이윤 추구와도 직결되는 것이다. 특히 향수와 화장품, 그밖에 스카프와 넥타이, 선글라스 등과 같은 액세서리 품목은 브랜드의 이미지에 힘입어 오트쿠틔르의 매출 신장을 극대화 시켜 주고 있다. 또한 오트쿠틔르의 존속은 파리가 영원히 패션의 수도로서 그 명성과 전통을 이어갈 수 있게 하는 원동력인 것이다.

프레타포르테

프레타포르테는 오트쿠틔르의 맞춤복과는 구별되거나 대조되는 형태의 고급 기성복을 의미한다. 복잡한 디자인과 고도의 기술을 요구하던 오트쿠틔르의 의상 제작비는 단연히 가격이 비쌀 수밖에 없으며 일반 시민과 노동자 계층은 감히 상상조차도 할 수 없는 것이다

프레타포르테, 즉 고급 기성복이란 처음에는 오트쿠틔르 작품을 재단과 봉제면에서 어느 정도 수정을 가하여 일반화 시킨 것을 의미했다. 하지만 1824년 재봉틀의 발명 이후 노동자들과 소시민 계급을 겨냥한 기성복 시장은 봉재 기술의 급속한 발달로 대량생산이 가능해졌고 백화점의 출현으로 기성복

의 새로운 소비형태가 형성되기 시작했다.

1929년의 경제대공황이 모든 사회계층의 소비형태에 영향을 미치게 되자 기성복 업체는 보다 폭넓은 고객층을 확보할 수 있게 되었다. 특히 백화점을 비롯한 기성복 업체의 출현은 감히 패션을 의식조차 할 수 없었던 일반 노동자 계층의 사람들이 점점 패션에 대한 관심을 키워 나갈 수 있게 해 주었던 점에서 의미가 있다.

1950년대 말, 파리의 오트쿠틔르 디자이너들은 작품의 무단 복제와 오트쿠틔르의 고객 수가 줄어드는 문제점에 직면하게 되면서 프레타포르테의 필요성을 절감하게 되었다. 그 결과 샤넬, 크리스찬 디올, 지방시, 이브 생 로랑, 웅가로 등의 파리 오트쿠틔르 소속 디자이너들이 오트쿠틔르뿐만 아니라 프레타포르테 컬렉션도 동시에 전개하게 되었다.

오트쿠틔르보다 단순화된 공정과 수익면에서도 안정적인 프레타포르테의 장점으로 인해 점점 프레타포르테의 참가 디자이너 수는 늘어나기 시작했다.

1970년대와 1980년대, 제2세대 디자이너들이라 불리는 신진 디자이너들이 대거 프레타포르테 컬렉션에 참여하게 되면서 파리 프레타포르테는 더욱 활기를 얻고 발전하게 되었다.

파리 프레타포르테 컬렉션은 매년 오트쿠틔르 컬렉션이 끝난 후인 3월과 8월에 열린다.

산업과 패션을 동시에 접목시켰다고 평가받는 프레타포르테는 점차 세계 각국의 유능한 디자이너들의 참가가 두드러지고 있다. 오트쿠틔르와는 달리 파리 현지에서 직접 활동을 하지 않으면서도 파리 프레타포르테에 참가할 수 있는 것도 프레타포르테 컬렉션의 수가 증가하는 요인이다. 또한 해외의 바이어와 저널리스트들의 발길이 가장 많은 파리 프레타포르테의 무대는 패션 디자이너에게는 여전히 꿈의 무대인 것이다.

코미테 콜베르

명품을 매개체로 자국 프랑스의 이미지를 국내외로 알리고자 했던 겔랑 화장품사의 장 자크 겔랑 회장과 오트쿠틔르의 대가라 할 수 있는 뤼시앙 르롱에 의해 1954년에 결성된 프랑스의 코미테 콜베르(Comité Colbert)는 프랑스를 대표하는 최고급 명품 제조 업체들이 모여 발족시킨 협회이다. 오트쿠틔르의 소속 브랜드인 크리스찬 디올과 지방시, 에르메스, 루이비통 등에서부터 스포츠 브랜드인 라꼬스떼를 포함하는 패션 업체 이외에도 향수, 크리스털, 시계, 보석, 양주, 제과 업체에서 프랑스를 대표하는 브랜드 80여 개가 협회 회원으로 소속되어 있다.

코미테 콜베르 협회의 창립 목적은 장인정신에 입각하여 환상적인 명품을 만들어 내는 장인들의 기술을 존중하고 알리는 가운데 명품 자체가 단조로운 일상생활에 활력소가 된다는 메시지를 전달하는 데 있다. 또한 협회에 소속된 전통과 역사를 자랑하는 명품 브랜드가 오랜 기간 동안 획득한 그들만의 독보적인 노하우와 장인정신을 다양한 이벤트와 이색적인 행사를 통해 세계 각국에 홍보하는 일이다.

코미테 콜베르는 프랑스인들의 패셔너블한 스타일을 전달하는 최적의 문화 메신저의 역할을 수행하며 자국 명품 브랜드의 대중화를 협회 차원에서 실행시켰다는 평가를 받고 있다.

LVMH

프랑스가 전 세계 명품 시장의 절반 이상을 차지하고 있는 것과 마찬가지로 프랑스의 LVMH(루이비통 모에 헤네시: Louis Vuitton Monët Hennessy) 그룹은 그 중의 절반 가량을 차지하며 세계 제1위의 명품 업체로 군림하고 있다. LVMH사는 꼬냑과 샴페인으로 유명한 모에 헤네시사와 가죽 가방으로 세계적인 선두 명품 브랜드인 루이비통사가 1987년 합병하면서 창립되었다. 그 후 1987년 세린느 인수를 시작으로 1988년에는 지방시, 1993년 겐조, 1994년 겔랑, 1996년 로에베, 1999년과 2000년에 이르러 펜디 그리고 태그 호이어, 쇼메 등의 시계·보석업체를 비롯, 메이크업 포에버, 베네팅 코스메틱 등의 화장품 업체까지 차례대로 인수하였다. LVMH의 브랜드 잠식력은 여기서 그치지 않는다. 최근에는 미국의 도나카렌 인터내셔널사(DKI)까지 인수함으로써 미국 기업으로까지 그 영역을 확대하고 있는 중이다. 또한 브랜드와 브랜드의 지분뿐만 아니라 면세점 구역에서 이들 제품을 한자리에 놓고 판매하는 다국적 유통 전문 업체인 DFS(Duty Free Shop)와 화장품 전문 유통 체인인 세포라(Sephora), 명품만을 전문적으로 취급하는 인터넷 쇼핑몰 e-luxury.com 등도 LVMH 그룹 산하에 속해 있으니 명품 세계에 있어서 LVMH의 막강한 파워는 견줄 만할 것이 없다고 해도 과언이 아닐 것이다. 한마디로 제품에서 유통에 이르기까지 '세계 최고의 고가 사치품 제국'을 형성하고 있는 것이다.

LVMH의 총 책임자인 베르나르 아르노(Bernard Arnault)는 1984년 크리스찬 디올의 지주회사였던 부삭(Boussac)을 매입하면서 명품 시장에 첫발을 들여 놓았다. 그 후 20년이 흐르는 동안 그는 유명 명품 브랜드를 속속 인수하였으며 한편으로는 명품의 대중화에 많은 노력을 기울였다. 명품의 대중화는 곧 매출의 증대를 의미하는 것이었다. 그는 '호화 고가 산업의 황제', '패션의 황제'로 불리기도 한다. 그에게 있어 중요한 것은 하나가 또 다른 하나를 파생시켜 나아가는 것이란 생각이었다. 이런 그의 역량으로 LVMH는 빠르게 성장해 갔으며, 현재 LVMH가 거느리고 있는 브랜드는 60여 개를 넘어서고 있다. 즉, LVMH사는 M&A를 통해서 변화하는 시장 환경에 융통성 있게 대응하는 것을 늘 새로운 것을 요구하는 까다로운 소비자들을 붙잡아 둘 수 있는 성공의 요체로 삼는다. 우수한 디자인력에도 불구하고 경영에 어려움을 느끼는 명품 브랜드를 인수하여 LVMH사의 자본력과 선진 경영 시스템, 그리고 세계 각지에 흩어져 있는 유통망을 통해 흑자 경영으로 돌아설 수 있는 계기를 마련해 줌으로써 양자 간에 많은 수익을 안겨다 주는 것이 이들 경영의 방침인 셈이다.

그의 번뜩이는 경영 능력은 1990년대 중반부터 전통 있는 디자이너 하우스의 책임 디자이너 자리에 신진 디자이너를 대거 영입한 점에서도 돋보인다. 그 대표적인 예로 크리스찬 디올의 디자인을 영국의 재능 있는 디자이너 존 갈리아노에게, 지방시에 알렉산드 맥퀸, 루이비통 여성복 디자인을 미국의 마크 제이콥스로, 세린느의 디자인을 마이클 고어스로 담당하게 한 것이다. 이로 인하여 기존의 명품 브랜드들은 젊은 디자이너들이 뿜어내는 새로운 에너지로 재정비되었고 창의성과 혁신성이 가미되어 브랜드 이미지는 새롭게 활성화될 수 있었다. 그뿐만 아니라 이들 신진 디자이너들의 활약으로 전통 명품 하우스가 끊임없이 새로운 제품을 생성해 낼 수 있다는 또 다른 가능성을 보여 주면서 고객들의 찬사와 브랜드의 재탄생이라는 두 가지 성공을 거둘 수 있었다.

흔히 패션 산업은 이미지 산업이라고 말한다. 즉, 소비자들에게 보다 긍정적인 브랜드 이미지를 구축하고 이를 계속해서 관리해 나가는 것이 패션 산업에서는 매우 중요한 일이다. 명품 브랜드는 매우 높은 가격을 특성으로 하는 만큼 소비자들의 브랜드에 대한 기대 수준도 상당히 높은 편이다. 따라서 차별화된 높은 수준의 서비스는 물론 브랜드의 이미지를 고양시키기 위한 일련의 정책에 대해서 LVMH사는 타 기업보다 한 발 앞선 입장에서 고려하고 있다. 매출의 11% 이상의 액수를 광고와 판매 촉진 전략에 투자하고 있으며, 창조적이고 범세계적인 캠페인과 스타 마케팅과 같은 세련된 마케팅 기법과 타깃을 분명히 하는 메시지 전달의 수단을 통해 브랜드 이미지를 활성화하고자 노력한다. 그뿐만 아니라 LVMH사는 럭셔리 브랜드 업계에 알맞은 전문경영인을 육성하기 위해 직접적으로 해외 주요 비즈니스 스쿨들과 협정을 맺어 MBA 럭셔리 과정을 만들고 이를 후원하고 있다. 자신의 회사에 알맞은 전문경영인을 키워내기 위해 교육과정부터 후원함으로써 장기적으로 자사 기업의 성공을 도모하고 있는 것이다.

　제품개발에서부터 경영에 이르기까지 LVMH사가 보여주는 창의와 혁신적인 노력은 럭셔리 브랜드의 열풍이 가속화되고 있는 현재의 패션업계에 시사하는 바가 크다고 하겠다.

구찌 그룹

　1923년 구찌오 구찌에 의해 설립된 구찌는 1950~1970년대의 대표적인 명품 브랜드로 성장했다. 하지만 1980년대 들어 구찌가(家)의 형제들끼리 제각각 경쟁을 벌이면서 여러 곳에 라이선스를 남발시켜 대량생산하는 바람에 브랜드의 이미지가 크게 실추되면서 위기에 봉착하게 되었다. 그러던 구찌가 1990년대부터 제2의 전성기를 다시 맞이하기 시작하였는데, 여기에는 디자인을 맡게 된 미국 태생의 톰 포드와 경영을 맡은 도미니크 데졸레 구찌 회장의 역할이 크게 작용하였다. 구찌의 여성복 디자이너로 출발한 후 구찌의 크리에이티브 디렉터의 자리까지 오르게 된 톰 포드는 1997년 경영에 뛰어든 데졸레 회장의 적극적인 지원으로 구찌 브랜드를 일약 섹시하고 모던한 이미지로 구축시키는 데 앞장섰다. 무분별한 라이선스는 과감히 정리하였으며 핸드백 등 주로 액세서리에만 집중하던 브랜드 이미지에서 벗어나 새로운 구찌의 색깔을 만들어 놓는 데 성공한 것이다. 구찌 그룹 내에서 톰 포드의 역할은 단순히 수석 디자이너로서의 위치에 머물지 않고 구찌 그룹 산하의 브랜드인 구찌, 이브 생 로랑, 세르지오 로시 등 모든 브랜드의 디자인을 총괄할 뿐만 아니라 구찌의 기업 이미지 구축과 광고, 매장 설계까지 도맡으면서 구찌의 성공적인 재기를 이끌어 낼 수 있었다.

하지만 애석하게도 구찌 그룹의 대주주인 프랑스의 피노-프렝탕-루두트(PPR)와의 이견 속에 2004년 초, 수석 디자이너인 폼 포드와 최고경영자(CEO)인 도미니크 데졸레는 전격 사임을 표명하게 되었다. 구찌의 새 디자이너로는 톰 포드의 수제자인 존 레이가, 신임 사장으로는 폴레트가 임명되었다. 앞으로 이 두 책임자가 이들 뒤를 이어 구찌 브랜드를 어떻게 이끌어갈 지 벌써부터 패션 업계의 관심이 모아지고 있다.

프라다 그룹

프라다는 1913년에 이탈리아 밀라노에서 전문 가죽 제조업으로 사업을 시작했다. 창업자인 마리오 프라다의 뒤를 이어 그의 손녀인 미우치아 프라다가 디자인을 맡게 된 것은 1970년대부터였다. 그녀는 가죽 제품 소매업을 하던 파트리조 베르텔리로 하여금 '프라다'라는 이름으로 가죽 제품을 독점적으로 유통할 수 있도록 하는 계약을 체결했다. 이후 두 사람이 1987년 전격 결혼하게 되면서 미우치아의 디자인 감각과 베르텔리의 경영 능력을 겸비한 프라다는 급성장할 수 있었다.

베르텔리는 프라다의 성공 비결을 "프라다 디자인은 전통적인 패션 스타일을 넘어서 새로운 트렌드를 이끌어 내고 소비자들의 라이프스타일을 변화시켜 오는 등 시장의 진화를 주도한 것"에서 비롯된 것이라고 말한다. 또한 "좋은 제품이란 우연히 나오는 게 아니라, 매일 매일 잘 훈련된 태도에서 나온다."고 말한다.

단순하고 실용적이면서도 세련된 감각의 디자인으로 새롭게 급성장한 프라다는 연간 2조 원에 이르는 매출을 자랑하는 이탈리아 최대의 패션 그룹으로서 전 세계에 직영 매장을 두고 제품을 판매·관리하고 있다. 프라다 그룹은 프라다, 미우미우, 헬무트 랭, 질 샌더 등 다수의 브랜드를 인수하며 더욱 거대한 패션 그룹으로 변신하고 있는 중이다.

리치몬드 그룹

스위스의 리치몬드 그룹은 만년필 위주의 필기구에서부터 가죽, 보석, 시계, 안경 등의 명품 브랜드를 거느린 거대 명품 브랜드 그룹 중 하나이다. 프랑스의 유명한 만년필 브랜드였던 몽블랑을 포함하여 까르티에, 피아제, 던힐, 바쉐론 콘스탄틴, 끌로에 등 20여 개에 달하는 명품 브랜드들이 리치몬드 그룹에 인수되었다. 리치몬드 그룹은 크리에이티브 아카데미를 설립하여 전문 디자인 양성에도 앞장서고 있다. 경영전문가이며 공격적 마케팅과 거대 자본력을 지닌 리치몬드 그룹의 로버트 플라트 사장은 "모름지기 명품이란 신화를 만들어내는 것이어야 한다. 기능 이상의 무엇을 내뿜어 낼 수 있어야 하고 제품에는 영혼을 담아야한다."고 말하였다. 그의 말에서 명품이 고객을 유혹하기 위해선 실제 제품이 보장하는 그 이상의 전략적인 이미지 보강이 절대적으로 필요할 것이라는 사실에 공감하게 된다. 물론 대량생산의 효율성과 그 이익마저 포기하고 오랜 시간에 걸쳐 숙련된 장인의 손끝으로 제품 하나하나를 완성해 가고자 하는 장인정신이 바로 명품 브랜드를 이끌어 갈 수 있는 절대적인 비결일지라도 말이다.

샤넬, 크리스찬 디올, 에르메스

창작을 중시하는 파리 패션

파리는 패션의 산업화보다 창작을 중시하며 파리의 오트쿠 티르는 파리 최고의 디자이너를 배출해 내는 역할을 담당하고 있다. 이브 생 로랑, 지방시, 웅가로, 칼 라거펠드 등의 디자이 너들이 오트쿠티르에서 보조 디자이너로 경험을 쌓았으며 오 늘날도 수많은 디자이너 지망생들이 오트쿠티르 디자인실의 장인들로부터 기술을 전수받고 있다. 이러한 시스템이 바로 파리 패션의 저력이 되고 있는 것이다.

1960년대 중반부터 1970년에 이르기까지 파리에서는 고급 의상실 디자이너들과는 차별화되는 새로운 디자이너들이 자 신의 브랜드로 새로운 스타일을 펼쳐나가기 시작했다. 1980년대 이르러서는 외국인 디자이너들을 포함한 더 많은 디자이너들이 파리에서 자신의 컬렉션을 개최하기 시작했다. 소니아 리키엘, 겐조, 칼 라거펠드, 웅가로, 장 폴 고띠에, 티에리 뮈글레, 클로드 몬타나, 크리스찬 라크르와, 이세이 마야케 등. 이처럼 파리는 전 세계 디자이너들이 가장 선호하는 활동 무대이다. 이는 파리가 재능 있는 디자이너라면 누구에게나 기회의 문을 활짝 열어주기 때문이다. 샤넬에서부터 뛰어난 전통을 자랑하는 가죽 제품 브랜드에 이르기까지 파리의 명품 브랜드의 역사는 재능 있는 디자이너들에 의해 시작되었고 완성되고 있다.

가브리엘 샤넬

샤넬만의 강인한 패션 정신이 내포된 수많은 샤넬 스타일, 자신이 창조한 패션을 스스로 너무나 완벽하게 소화해 내며 당당하게 새로운 여성상을 제시했던 샤넬은 20세기의 가장 대표적인 디자이너로 손꼽힌다. 그리고 평생을 독신으로 살다 간 그녀의 파란만장한 삶 역시 또 하나의 샤넬 패션의 신화를 완성하는 요소로 기억되곤 한다.

샤넬은 자신의 의상 디자인 철학을 단순성과 실용성에 두었다. 그녀가 활동하기 시작할 무렵의 여성 패션은 신체의 움직임을 고려하기보다는 걷기조차 힘들 정도로 지나치게 길이가 길거나 폭이 좁은 스커트 등과 같이 부자연스럽고 장식이 많은 화려한 스타일이 주류를 이루고 있었다. 샤넬은 이러한 인위적인 패션을 비웃기라도 하듯이 처음부터 단순하면서도 대담한 스타일의 의상들을 선보이며 여성들에게 활동성과 자유로움을 선사하는 것을 패션의 주요 쟁점으로 삼았다. 이러한 샤넬 패션의 정신은 화려함과는 대조적인 '푸어 룩(Poor Look)'이라 불리는 새로운 패션 스타일로 대변되고 있다. 샤넬의 패션은 신체의 움직임을 구속하지 않기 위해 디자인을 극도로 단순화한 것이 특징이다. 샤넬은 남성 속옷의 소재로 주로 사용되던 저어지와 편물을 여성 패션의 소재로 도입하였고, 베이지와 검정 위주의 색상 배합과 일반 서민들이나 노동자 계층의 단순한 의상에서 디자인 힌트를 얻었으며 화려한 장식보다는 큼직한 포켓이나 주름과 같은 실용적인 측면을 강조하였다.

샤넬은 생전에 그녀가 발표한 수많은 스타일의 의상 중에서도 몇 가지 대표적인 스타일을 불멸의 유산으로 남겨 놓았다. 1950년대 새롭게 발표한 이래 지금까지도 매 시즌 샤넬 컬렉션에서 꾸준히 선보여지고 있는 트위드 소재의 샤넬 슈트(Chanel Suit), 1920년대 발표된 이래 거의 모든 디자이너와 브랜드에서 모방되고 꾸준히 사랑받는, 심플한 라인과 검정 색상이 전부인 작은 검정 드레스(Little Black Dress) 그리고 인조진주와 다채로운 색상의 크리스탈 소재의 긴 목걸이 등과 같은 장식류들이다. 불멸의 향수인 샤넬 No.5 역시 빼놓을 수 없는 샤넬의 스테디셀러 중 하나이다.

사실 그녀가 표방한 디자인 철학이 실용성과 단순성에 있다고는 하지만 오늘날 샤넬의 의상은 최고로 비싼 의상으로 인식되고 있으며 사실이 그렇다. 샤넬 패션을 동경하는 사람들은 샤넬 의상을 통해 최상의 우아함과 편안함을 얻는다.

샤넬이 고아원에서의 어린 시절과 생계를 위해 카페에서 노래를 불러야만 했던 어두운 시절을 보냈음에도 불구하고 1971년 아흔에 가까운 나이로 세상을 뜨기까지 파리 패션계를 대표하며 전 세계적으로 사랑받는 디자이너로 군림할 수 있었던 비결은 무엇일까? 평생 독신으로 살았지만 당대의 유명한 화가, 예술가, 부호 등 권력과 부를 움켜쥔 숱한 남성과의 로맨스를 꽃피우기도 했던 그녀는 이러한 관계들로 도움을 받기도 했지만, 불행한 시절을 보내기도 했다. 특히 그녀는 제2차 세계대전 기간 중 독일의 한 장교와의 관계로 인해 10여 년이 넘게 의상실 문을 닫아야 했다. 이후 일흔의 나이로 패션계에 새롭게 복귀한 그녀는 시대를 앞질러 볼 수 있는 예지력과 천부적인 감각과 재능으로 전성기의 명성 그 이상을 다시 얻으며 재기에 성공하였다.

샤넬 컬렉션은 1980년대부터 독일 출신의 디자이너, 칼 라거펠드(Karl Lagerfeld)에 의해 성공적으로 이어져 오고 있다. 그는 샤넬이 생전에 의상을 통해 표현하고자 했던 것을 그 누구보다도 잘 이해하며 충실히 따르고 있다는 평판을 받는다. 1920년대 샤넬이 패션계에 등장하면서 선보였던 의상들의 기본 정신에서 크게 벗어나지 않으면서도 그의 천부적인 디자인 이 돋보이는 샤넬 컬렉션은 매 시즌 최상의 컬렉션으로 주목받고 있다.

20세기의 대표적인 디자이너 부티크에서 이제 21세기 최고의 명품 브랜드로 자리를 굳건히 하고 있는 프랑스의 대표적인 브랜드인 샤넬은 의상뿐만이 아니라 향수, 화장품, 구두와 핸드백, 액세서리에까지 샤넬의 겹쳐진 C 로고와 함께 영원히 지속될 듯하다.

이브 생 로랑

현존하는 최고의 쿠틔리에라는 평가를 받으며 패션에 종사하는 모든 사람들의 존경을 한 몸에 받고 있는 그는 '모드의 제왕'으로 불리운다. 1998년 패션계 데뷔 40주년이라는 역사적인 순간을 맞이하기도 했던 이브 생 로랑은 클래식과 엘레강스를 디자인의 원칙으로 삼으며 단순하면서도 지적인 여성을 표현하는 데 일관한 디자이너였다.

1936년 당시 프랑스의 식민지였던 북 아프리카의 알제리에서 출생한 이브 생 로랑은 어린 시절부터 그림 그리는 일을 무척 좋아했고 몰두하였다. 이후 파리에서 패션 공부를 하던 중, 그의 뛰어난 패션 스케치에 매료된 디자이너 크리스찬 디올이 그를 단번에 자신의 후계자로 지목하였다. 크리스찬 디올의 의상실에서 보조 디자이너로 일하던 이브 생 로랑(Yves Saint Laurent)은 1957년 디올이 갑작스레 사망하게 되자 크리스찬 디올사의 책임 디자이너의 자리에 올라 크리스찬 디올 컬렉션을 담당하게 되었다. 1958년 디올을 위한 첫 컬렉션을 성공적으로 이끌었을 때 그는 불과 스물한 살의 검은 안경테를 낀 깡마르고 소심한 스타일의 젊은이에 불과했었다. 이후 그는 1960년 크리스찬 디올을 위한 마지막 컬렉션을 치른 뒤 크리스찬 디올에서 독립한다.

현재까지 이브 생 로랑의 사업 파트너이기도 한 피에르 베르제(Pierre Berge)는 일찍부터 그의 재능을 인정하고 있었으며 1961년 이브 생 로랑 패션 하우스를 창립하는 데 큰 도움을 주었다. 그래픽 디자이너였던 까상드르(Cassandre)에 의해 우리에게 너무나 친숙한 YSL 로고도 이 무렵에 탄생하게 되었다. 이브 생 로랑은 첫 번째 컬렉션을 통해 당시 『라이프』지로부터 '샤넬 이후 최고의 디자이너'라는 격찬을 받았다. 사업적 수완이 뛰어난 피에르 베르제의 경영 능력과 이브 생 로랑의 뛰어난 디자인 능력이 합해진 이브 생 로랑 하우스는 이후 파리 패션계를 정복하기 시작했다. 1966년 '이브 생 로랑 리브 고슈'라는 이브 생 로랑의 고급 기성복 부티크가 오픈되면서 기성복 분야로의 진출을 시도하게 된다. 그의 기성복 분야의 진출은 다른 디자이너들에게도 자극이 되어 이후 많은 디자이너들이 기성복 시장으로 눈을 돌리기 시작했다. 이브 생 로랑은 이후에도 향수와 액세서리, 화장품 등을 차례로 선보이면서 토털 패션 브랜드로서의 명성을 확고히 세워나갔다.

이브 생 로랑의 패션에는 레드, 옐로, 블루 등과 같은 원색사용과 그밖에 정열적인 색상 등 아프리카풍의 영향을 받은 듯한 강렬한 색채가 눈길을 끈다. 또한 몬드리안, 마티스, 피카소, 고야 등 유명 화가들의 회화에서 영감을 얻거나 추상적

색채가 짙은 대담한 옵 아트(Op Art) 드레스, 남성용 스모킹 슈트(smoking suit)를 본 딴 여성용 스모킹 슈트 등은 1960년대 이브 생 로랑의 상징적인 작품으로 기억되고 있다. 특히 그가 발표한 스모킹 슈트로 인하여 여성들은 비로소 바지 정장을 패셔너블한 여성복으로 인식하기 시작했다.

또한 그는 1968년에 노 브라의 시스루 드레스를 선보이면서 누드 룩(Nude Look)을 처음으로 시도하기도 했다. 1970년대 부터는 러시아, 중국 등 오리엔탈리즘의 의상들을 발표하면서 히피 룩에 직접적인 영향을 끼치기도 했다. 이밖에 그가 패션계에 몸담은 40여 년이 넘는 기간 동안 그가 발표하여 화제를 불러일으킨 의상들은 이루 헤아릴 수 없을 정도이다.

이브 생 로랑은 디자이너로서 빠르게 성장하고 바쁘게 생활한 나머지 종종 극도의 신경쇠약과 우울증에 시달리기도 했지만, 그의 천부적인 디자인 능력과 재능은 수많은 사람들로부터 아낌없는 찬사와 존경을 받았다. 2002년 자신의 브랜드를 새로운 신진 디자이너에게 내어주고 은퇴를 하였지만, 최근 그는 자신의 이브 생 로랑 매장을 새로운 전시 공간으로 변모시키는 중이다. 그가 발표했던 수많은 작품들을 기억하고 가까이서 볼 수 있는 전시 공간의 마련과 함께 그는 영원히 패션계에 머물 것이다.

크리스찬 디올

전후 파리가 전 세계 패션의 중심지로 다시 한번 우뚝 설

수 있었고 크리스찬 디올(Christian Dior)의 이름을 단번에 유명하게 만들어 주었던 것은 1947년 첫 컬렉션에서 크리스찬 디올이 발표한 뉴룩(New Look)의 성공적인 히트와 영향력 덕분이었다. 여성들은 디올의 뉴룩을 입기 위해 다시 한번 자신의 허리를 페티코트를 이용하여 극도로 조여야만 했고, 한편으로는 지나치게 사치스러운 의상이라는 비판을 받기도 했다. 뉴룩은 극도로 단순해 보이지만 대단한 정성이 깃든 작품이었다. 어깨는 좁고 부드럽게 경사진 형태였으며 코르셋을 착용하여 허리를 가늘게 조인 허리선과 허리 아래 재킷은 부드럽게 곡선으로 들뜬 모양으로 놓여지도록 패드가 덧대어져 있었다. 아래에 착용한 스커트의 길이는 무릎 아래의 긴 길이였고 풍성한 느낌을 주기 위해 여러 층의 실크와 튤 페티코트에 의해 떠 받쳐져 있었고 스커트의 풍성한 주름을 위해서 막대한 양의 옷감이 소요되었다. 많은 여성들이 전시 동안 적합했던 단순하고 실용적인 스타일의 의상을 벗어 던지고 크리스찬 디올의 뉴룩에 열광하게 되었다.

1905년에 태어난 크리스찬 디올은 정치학을 공부했으나 파리에 작은 화랑을 열 정도로 미술에 관심을 가졌다. 화랑 운영에 자금이 부족하게 되자 친구들로부터 배운 스케치 실력을 십분 발휘하여 1930년대부터 프리랜서로 패션 스케치를 그리며 생계를 유지하기 시작했다. 삐에르 발망 디자인실에서 일하고 있던 1946년 디올은 텍스타일 제조업자인 당시의 재력가 마르셀 부삭(Marcel Boussac)의 재정적인 후원 하에 자신의 의상실을 열게 되는 행운을 얻게 되었다. 1947년 그의 첫 컬렉션에서 선보인 스타일이 당시 하퍼스 바자의 편집장에 의해 '뉴룩'이라고 불리게 되면서 단번에 전 세계 패션계에 그의 이름이 오르내리게 되었다. 그 후 그는 지그재그, 버티컬, 튤립, H라인, A라인, Y라인이라는 실루엣의 이름이 붙여진 의상들을 속속 발표하였으며 신문은 그의 실루엣의 의상들로 장식되었다. 부풀려지거나 조여지고 리본이나 벨트 등으로 강조되는 등 디올 의상은 "빌딩처럼 잘 구성되어져 있다."는 평판처럼 복잡하고 정교하게 제작되고 뉴룩 스타일에서와 마찬가지로 형태를 만드는 속옷에 의해 지탱되고 의존되어지는 것이 특징이다.

뉴룩 발표 이후 1957년 갑작스러운 죽음을 맞이하기까지 10여 년 동안 크리스찬 디올은 패션계의 거장으로 군림하였다. 그의 우아하고 여성적인 의상들은 부유한 고객들에 의해 입혀지거나 널리 모방되었으며 수출과 라이선스 계약으로 막대한 수익을 올릴 수 있었다. 또한 언론의 광고 또한 잘 활용하여 이용한 것도 그의 성공의 한 요인이 되었다.

디올의 사망 이후에도 크리스찬 디올은 일찍부터 그의 후계자로 지목되던 이브 생 로랑에 의해 성장을 계속할 수 있었다. 이후 마크 보안(Marc Bohan), 지안프랑코 페레(Gianfranco Ferre) 등의 디자이너들이 전통에 충실한 디올 정신을 이어왔으며 1997년 봄·여름 시즌부터 지금까지 영국 출신의 디자이너 존 갈리아노(John Galiano)가 크리스찬 디올 컬렉션을 담당하고 있다. 과거의 요소에서 영감을 받아 놀랍도록 새로운 모드를 창출해 내는 천부적인 디자인 능력을 지니 존 갈리아노는 크리스찬 디올 컬렉션을 매 시즌 가장 흥미롭고 성공적인 컬렉션으로 부상시키며 크리스찬 디올 브랜드를 새롭게 변신시키고 있다.

소니아 리키엘

소니아 리키엘(Sonia Rykiel)은 파리 여성복 프레타포르테의 발전을 한걸음 앞당겨 놓은 개척자이자, 니트웨어를 섹시하고 패셔너블한 패션으로 인식시켜 놓은 장본인이다. 20세의 어린 나이에 일찍 결혼했던 그녀는 임신한 자신을 위한 의상을 구하러 다녔지만 원하는 스타일을 구하지 못하자, 스스로 뜨개질한 임부복을 고안하여 입게 되었다. 이것이 주변 사람들로부터 큰 호응을 얻게 되자 그녀는 자신감을 얻어 당시 남편이 운영하던 의상실 '로라'에 자신이 직접 짠 스웨터류를 진열해 놓게 되었다. 이를 계기로 그녀는 패션의 길로 들어서기 시작했고 결국 니트웨어의 여왕이라는 찬사까지 받는 대성공을 거두게 되었다.

1968년 처음으로 자신의 이름으로 의상실을 열었을 당시만 해도 그녀는 아이 둘에 이혼한 상태였으며 나이는 마흔에 가까웠다. 패션 수업을 전혀 받은 적이 없었던 그녀가 패션 일에 뛰어들 수 있었던 것은 늘 새로운 것을 모색하고 시도해 보려는 열정과 병적일 정도의 호기심 덕분이었다고 한다. 첫 매장을 연지 3일 만에 문을 닫기도 했지만 그녀는 곧 새로운 장소에 매장을 오픈하게 되었으며, 이미 그녀는 예전의 그녀에서 벗어나 나름대로의 방식을 가진 성공한 디자이너로서의 길로 접어들고 있었다. 새로운 것을 원하는 것은 모든 여성들의 소망이었으므로 그녀의 신선하고 새로운 디자인의 의상은 곧 모든 여성들을 매료시킬 수 있게 되었다.

소니아 리키엘의 니트 작품은 가늘고 꼭 맞는 소매, 완만한 허리 라인, 이중 바닥에 입구가 세 군데나 있는 포켓 등, 활동성과 우아함을 동시에 살린 디자인과 상식을 뒤엎는 독특한 스타일, 유행에 좌우되지 않는 것이 특징이다. 감각적이고 섹시하면서도 실용적인 그녀의 의상은 "바로 자신이 입고 싶은 옷을 만든다."는 그녀만의 패션 정신에 기인하고 있다. 소니아 리키엘은 종종 현대의 코코 샤넬로 불리워진다. 특히 검은 색상에 애착을 갖는다는 점에서도 그렇고 늘 자신의 의상을 입으며 동시에 편안하고 실용적이며 관습에 얽매이지 않는 자유로운 삶이 그대로 패션으로 표현되고 있는 소니아 리키엘의 패션 철학이 샤넬과 유사하기 때문이다. 하지만 정작 그녀 자신은 스스로를 패션 디자이너이기 전에 작가라고 생각한다. 이미 여러 권의 책을 집필한 적도 있는 그녀는 자신이 추구하는 그 모든 것이 스스로의 방식에 의해 자연스럽게 우러나오는 것이라고 믿는다. 항상 활동적으로 움직이며 새로운 시도를 두려워하지 않는 그녀의 자유분방한 삶의 스타일과 그녀만의 강한 색채로 표현되는 패션은 현대를 사는 수많은 여성들의 동경의 대상이 될 것이다.

에르메스

피혁공이었던 티에리 에르메스(Thierry Hermes)는 1837년
파리의 마들렌느 광장에 마구용품을 파는 작은 가게를 열어
당시의 주요 교통수단이었던 마차를 끄는 말에 필요한 모든
용구들과 장식품들을 직접 수공으로 제작하여 팔고 있었다.
1867년 세계박람회에 출품한 에르메스(Hermes)의 마구 제품은
견고성과 가벼움으로 최고상을 수상하며 세계적인 인정을 받
기도 하였다. 이후 에르메스는 점차 자동차가 마차를 대신하
는 교통수단으로 시대가 바뀌게 되자 취급 품목을 여행가방과
여성용 핸드백, 서류가방 등으로 사업을 빠르게 전환시키는
수완을 발휘하였다. 1879년 에르메스의 창업자인 티에리 에르
메스가 사망하자 그의 아들, 샤를르 에밀이 가업을 물려받게
되었다. 그는 파리의 포부르 쌩 또노레 24번가로 가게를 옮겨
확장하였으며 이후 에르메스사는 지금까지 같은 자리에서
160년이 넘는 전통을 이어가고 있다. 19세기 말 유럽의 왕실
과 귀족들, 러시아의 황제 니콜라스 2세, 심지어는 일본의 군
주들까지도 에르메스의 주 고객들이었을 정도로 에르메스는
프랑스 전통의 대표적인 명품 브랜드인 동시에 세계 최고의
피혁 브랜드 중 하나로 손꼽히고 있다.

에르메스의 가죽 제품 중 가장 유명한 것 하나를 꼽는다면

모나코의 여왕, 그레이스 켈리가 들어 유행시킨 '켈리 백'이다. 베이지 색상에 에르메스 고유의 장신구인 작은 금빛의 숫자용 자물쇠가 달린 넉넉한 사이즈의 여성용 핸드백인 켈리 백은 1930년에 고안되어 1950년대 모나코의 왕비가 된 할리우드의 여배우, 그레이스 켈리가 공식석상과 비공식석상에서 즐겨 들면서 인기를 얻게 되었다. 그레이스 켈리로부터 '켈리 백'으로 부르도록 허락받은 이후 켈리 백은 오늘날까지 최고의 백으로 인식되고 있다. 오늘날에는 6가지 정도의 다양한 크기와 가죽 소재, 색상, 형태로 발표되고 있다. 특히 켈리 백은 매년 9천 점 정도로 제한된 수량으로 판매되고 있기 때문에 켈리 백을 들 수 있는 여성은 그 자체로 부유층으로 평가받는다. 에르메스의 또 다른 대표적인 아이템으로는 1937년부터 본격적으로 선보이기 시작한 스카프인 '에르메스 까레' 제품이다. 에르메스 까레는 최고급 품질의 실크와 주로 재갈, 안장, 채찍 등이 전면에 인쇄되는 것이 특징이다. 스카프의 프린트 작업은 완전 수작업을 통해 정교하게 인쇄되며 스카프의 가장자리는 직접 손으로 감침질 되어 있다. 까레는 프랑스어로 정사각형이란 뜻으로 에르메스 까레 스카프는 말 그대로 90cm 정사각형 형태를 이루며 지금까지 9백여 종에 달하는 디자인이 소개되었다. 켈리 백이 어떠한 상황과 의상에도 품격을 더해주며 완벽한 조화를 이루는 것과 마찬가지로 에르메스 까레 역시 어떠한 스타일의 의상에도 장식의 효과를 더해주며 한층 세련된 이미지를 표현해 주는 최상의 아이템으로 각광받고 있다.

에르메스의 모든 컬렉션은 여행, 길, 태양, 음악 등과 같이 매년 정해지는 커다란 주제 아래 제품이 일관된 컨셉으로 디자인, 생산되어지는 것이 특징이다. 그리고 많은 명품 브랜드들도 그렇지만 특히 에르메스 브랜드는 전통적인 수작업 제조과정을 고수하는 것을 브랜드의 원칙으로 삼는다. 또한 아무리 주문이 쇄도한다고 해도 철저히 소량 생산만을 고집한다. 이는 에르메스 브랜드 전 제품에 대한 이미지 관리에서뿐만이 아니라 하나의 예술품을 만들어내고 있다는 전통과 철저한 장인정신에서 비롯되는 것이다.

가죽 제품으로 연상되는 에르메스는 전통과 최첨단 유행을 결합시킨 현대미와 고품격의 세련미를 중시하는 패션용품을 비롯하여 식기, 액세서리 분야에 이르기까지 그 영역을 확대시켜 나가고 있다.

루이비통

수입 브랜드 중에서 가장 높은 판매와 인기를 구사하고 있는 브랜드가 루이비통(Louis Vuitton)이다. 국내에서뿐만 아니라 일본을 비롯한 전 세계적으로 넓은 층의 루이비통 마니아가 존재하고 있다. 이러한 루이비통의 인기와 명성은 루이비통 150년의 역사가 말해주고 있는 것이다.

나폴레옹 3세 때 궁정의 짐 꾸리는 일을 맡았던 루이비통은

1854년 파리에서 여행가방을 전문으로 판매하는 상점을 열었다. 짐꾸리는 일을 하는 동안 상류층의 의상들을 손상하지 않으며 잘 보관할 수 있는 방법을 직접 경험으로 느낀 그는 기존의 나무 트렁크가 아닌 캔버스로 만든 튼튼한 사각형의 여행용 가방을 만들었다. 그가 고안해낸 이 평평한 덮개가 달린 커다란 트렁크는 당시로는 기발한 디자인이었으며 기존의 볼록한 가방과는 달리 기차나 마차의 짐칸에 여러 개를 포개어 쌓아둘 수 있다는 장점 때문에 여행을 즐기는 상류층 사람들로부터 커다란 호응을 불러일으키게 되었다. 선박이나 열차와 같은 교통수단의 발달은 상류층의 여행 횟수를 늘리게 되었고 동시에 실용적인 디자인으로 간편하게 들고 다닐수 있는 루이비통의 여행용 가방에 대한 수요도 점차 늘어날 수밖에 없었다. 여행용 가방에서 출발한 루이비통의 가방 제품은 트렁크, 슈트케이스, 소프트 타입의 백에 이르는 다양한 디자인과 크기의 가방 제품을 선보이며 최고의 찬사를 받는 명품 브랜드로 성장하게 되었다.

특히 루이비통의 모노그램은 오랜 전통과 역사를 이어오면서 꾸준한 사랑을 받는 대표적인 아이템이다. 모노그램의 탄생은 1896년 루이비통의 후계자였던 아들 조지에 의해 이루어졌다. 그는 아버지 이름의 이니셜인 LV를 회사의 로고로 삼은 뒤 비스듬히 꼬아서 추상화한 꽃과 별 모양으로 메꾼 마크를 개발하였다. 이것을 면소재의 캔버스에 소뼈에서 얻은 골교질을 칠하여 방수처리 한 가방표면 전체에 프린트하여 탄생시킨 것이 바로 루이비통 모노그램 트렁크인 것이다. 지금과 마찬가지로 초창기에도 루이비통 모노그램 트렁크의 끊임없는 모조품 등장 때문에 고심하던 루이비통사는 이를 막기 위해 가방의 커버를 수없이 반복하여 바꾸었다고 한다. 모노그램은 사용할수록 느낌이 달라지는 천연가죽을 콤비네이션하여 옷장에 들어갈 수십 벌의 의상을 옷장 형태로 걸어 보관할 수 있도록 디자인한 워드로브(Wardrobe) 가방에서부터 한 손에 들어오는 손지갑에 이르기까지 시대적 흐름에 대응하면서 항상 현대적인 감각에 맞는 다양한 제품으로 개발되어 왔다. 세월이 지날수록 가죽에 손때가 묻어 더욱 멋스러움이 배어나는 루이비통의 모노그램 제품은 상류층의 부를 상징하며 우아한 멋과 미를 선사해주는 루이비통의 역사를 말해주는 제품이기도 한 것이다.

이후 루이비통은 기존의 어두운 컬러인 모노그램 패턴 이외에도 다양한 색상과 패턴, 디자인적인 요소를 가미하여 새로운 라인의 제품을 선보이고 있다. 루이비통은 특히 각각의 패턴 디자인마다 제목을 부여하고 있는 것이 특징이다. 전통적인 패턴의 모노그램을 비롯하여 루이비통 제품에 다양한 컬러를 도입한 에피 라인, 베이지와 진한 브라운의 체크 무늬로 이루어진 세련된 다미에 라인, 모노그램 문양을 현대적으로 재해석하여 소가죽 위에 특수 코팅 처리를 하여 반짝거리게 만든 모노그램 베르니라인 등이 개발되었다. 루이비통은 누구나 하나쯤은 소유하고 싶은, 그리고 누구나 이미 하나쯤은 갖고 있는 가장 사랑받는 대표적인 명품이라고 할 수 있겠다.

현재 루이비통은 미국 태생의 재능 있는 디자이너 마크 제이콥스(Marc Jacobs)를 기용해 한층 젊은 고객층을 확보하려는 노력을 기울이며 정기적인 패션 컬렉션에 참여하고 있다. 여행 트렁크 가방 브랜드의 이미지가 강한 루이비통이 남녀 의류를 포함하여 마크 제이콥스의 신선한 디자인으로 브랜드에 활기와 변화를 일으키면서 첨단 유행을 이끄는 패션 브랜드로 재탄생하고 있다.

세린느

프랑스를 대표하는 수많은 명품 브랜드 중에서 세린느(Celine)는 가장 프랑스적인 고품격 명품 브랜드로 손꼽히고 있다. 프랑스 귀족주의의 감성이 묻어나는 세련되고 우아한 디자인과 실용성을 배제하지 않으면서도 고급스러움과 품위가 느껴지는 것이 세린느만의 멋스러움의 비결이라고 할 수 있다.

세린느 브랜드는 1945년 세린느 비피아나 부부가 파리의 말트가에서 그들의 이름을 내건 '세린느 아동용 신발' 매장을 열면서 시작되었다. 이들 부부에 의해 손수 제작된 품질 좋은 아동용 구두가 점차 인정을 받고 인기를 얻게 되자 이들은 사업을 확장하여 여성용 구두 제작에까지 손을 뻗쳤다. 세린느의 구두는 편안한 착용감과 세련된 디자인으로 고객의 사랑을 받게 되었다. 특히 1959년에 선보인 신발의 코 앞에 재갈 모양의 금속 장식을 단 굽이 낮은 잉카 로퍼는 잉카의 신발에서 영향을 받아 디자인 한 것인데 이것이 큰 인기를 불러 모으면서 세린느의 대표적인 아이템으로 떠오르게 되었으며 세린느를 전 세계적으로 유명한 브랜드로 만들게 하는 계기가 되었다.

세린느는 말 재갈 모양의 팔찌를 제작하여 기존의 여성용 구두와 쌍을 이루어 통일감을 주는 등 말 재갈 모양에서 아이디어를 얻어 각 아이템의 디자인에 장식, 응용하는 것이 특징이다. 1963년부터 세린느 브랜드는 피혁 제품의 액세서리를 제작하기 시작했고, 1966년에는 가죽으로 된 가방을 생산하기 시작하면서 구두, 핸드백, 액세서리 분야에 이르기까지 사업을 확장시켜 나갔다. 1967년에는 쿠틔르 디자인 스튜디오를 설립하였고 2년후인 1969년에, 세린느 여성 기성복 컬렉션을 출시하게 되었다. 고급스러움과 실용성이 가미된 세린느 기성복 브랜드 역시 커다란 성공을 거두게 되었다.

세린느는 1970년대부터 파리 개선문의 장식에서 영감을 얻은 체인 모양을 로고로 사용하면서 더욱 브랜드 이미지를 확고히 하고 있다. 세린느의 로고는 백과 신발은 물론 의류 전체의 패턴으로 활용될 정도로 그 인지도면에서나 디자인면에서 큰 인기를 얻고 있다. 1997년부터는 미국 출신의 젊은 디자이너 마이클 고어스가 세린느의 디자이너로 합류하면서 브랜드 전체 라인이 보다 젊고 세련된 이미지로 재탄생하기 시작했다. 세린느는 전통을 중시하면서도 신선함을 잃지 않으려는 브랜드 정신을 지키고 있다.

아르마니, 베르사체, 페라가모

이탈리아

　파리 패션에 의존하던 이탈리아는 전후(戰後), 서서히 패션에 새로운 변화를 시도하게 되었다. 이탈리아 귀족 출신의 디자이너들에 의해 이탈리아 패션은 밝은 색상과 대담한 패턴의 개성적이고 약동적인 패션을 선보이며 유행을 선도하기 시작했다. 특히 직물 산업에서는 이탈리아가 단연 으뜸이라 할 수 있겠다. 이탈리아는 고급 실크와 린넨, 모직 그리고 세계적으로 유명한 가죽이 자국에서 생산된다는 이점을 가지고 있다. 그 결과, 수많은 명품 피혁 브랜드가 탄생할 수 있었던 것이다.

이탈리아의 한 기업가는 자신의 저택에서 로마와 밀라노의 최고 디자이너들과 의상실 디자이너의 패션쇼를 마련하였는데, 이것이 미국 바이어와 언론으로부터 이탈리아 패션을 평가받게 되는 계기가 되었다. 이후 이탈리아 패션 컬렉션은 매년 정기적으로 개최되었고 점차 세계 패션계에 이탈리아 패션의 위상을 확고히 다져 나갈 수 있게 되었다.

또한 남성 패션에 있어서는 이탈리아가 단연 독보적이다. 세련되고 완벽한 디테일의 남성복 테일러링 기술은 전 세계적인 인정과 고객들의 사랑을 받고 있다. 이탈리아의 디자이너, 조르지오 아르마니가 선보이는 일명 아르마니풍 정장은 이탈리아 슈트의 명성을 잘 대변해 주는 제품 중 하나이다.

로마, 피렌체, 밀라노가 자국 패션 중심지로 경쟁을 벌였지만, 밀라노가 여러 가지 입지조건에서 유리하게 작용하여 현재 이탈리아 패션 중심지로 자리 잡게 되었다. 1975년부터 개최된 밀라노 컬렉션은 현재 파리, 런던과 함께 세계 3대 컬렉션으로 손꼽히며 수많은 해외 바이어와 저널리스트들의 발길이 모여들고 있다. 또한 파리에 비해 사업 수완과 제조 기술이 뛰어난 이점은 파리 패션을 위협하고 있다.

이탈리아 브랜드의 특징은 주로 가족경영체제로 운영되고 있는 점이다. 가족경영체제가 자본력과 마케팅의 낙후성으로 어려움이 토로된 적도 있었지만, 최근에는 강력한 리더십과 신속한 의사결정이 가능하다는 점에서 긍정적으로 평가되고 있으며 많은 이탈리아의 명품 브랜드사가 실제로 성공적인 가족경영체제를 유지하고 있다. 또한 디자이너 브랜드뿐만 아니라 막스 마라(Max Mara)와 같은 전 세계적으로 유명한 기성복 제조 업체의 수가 많은 것도 이탈리아 패션의 특징이라 하겠다.

발렌티노(Valentino), 조르지오 아르마니(Georgio Armani), 지아니 베르사체(Gianni Versache), 크리스찬 디올의 디자인을 맡았던 지안프랑코 페레(Gianfranco Ferre) 등은 전 세계적으로 이탈리아 패션의 위상을 떨치고 있는 이탈리아의 대표적인 디자이너들이다.

조르지오 아르마니

아르마니의 대표적인 스타일이라면 1980년대에 선보인 어깨선이 부드러운 아르마니 스타일의 정장이다.

1980년대 영화 「아메리칸 지골로」에서 주인공 리처드 기어가 아르마니의 정장을 입고 나옴으로써 단번에 전 세계적으로 유명해지게 되었고, 지금까지 아르마니의 정장 스타일은 남성과 여성 정장 스타일의 대명사로 여겨질 정도로 꾸준한 사랑을 받고 있다. 최고급 소재를 사용한 헐렁한 테일러드 재킷은 어깨는 넓고 라펠이 길며 허리선이나 허리 바로 아래에서 단추 하나로 여미게 되어 있다. 특히 신체의 선을 부드럽게 살려 불필요한 다트와 옷의 선들을 최대한 제거했는가 하면 겉감에 대는 심지와 안감 역시 최대한 없애 부드럽고 여유 있는 형태를 유지하고 있는 것이 특징이다. 눈에 띄는 화려함보다는 드러나지 않는 절제된 디자인과 자연에 가까운 색상이 주류를 이룬다. 아르마니 정장을 입는 사람들은 평범한 듯하지만 입지 않은 듯이 자연스럽게 신체의 선을 따라 흐르는 착용감과 흠잡을 데 없는 완벽미에 감탄하게 되는 것이다.

조르지오 아르마니(Giorgio Armani)는 의과대학을 다녔던 의학도였다. 하지만 의학에 별 뜻을 품지 못한 그는 학업을 포기하고 우연한 기회에 백화점에서 디스플레이 일을 하게 되면서 서서히 패션계에 몸담게 되었다. 이탈리아의 니노 세루티사에서 남성 디자이너로서의 경력을 쌓고 있던 그는 마침내 1974년 조르지오 아르마니라는 자신의 이름으로 브랜드를 출시하게 되었다. 이때 그를 가장 가까이에서 도와준 사람은 그의 친구이자 동반자이기도 한 세르지오 가레오티였다. 아르마니는 그와 함께 G/A(Giorgio Armani Company)라는 이름의 회사를 설립하였다. 1975년에 열린 첫 컬렉션에서는 부유한 고객층을 겨냥한 우아한 컨셉의 의상들을 선보였다. 당시 그가 발표한 패드를 없앤 실용적인 디자인의 재킷은 선풍적인 인기를 불러일으켰고 아르마니는 단번에 밀라노 최고의 디자이너로 부각되었다. 이후 남성복은 물론 여성복에서도 성공을 거두면서 1981년 젊은 층을 겨냥하여 조르지오 아르마니의 오리지널 스타일에 젊은이의 위트를 가미한 엠포리오 아르마니(Emporio Armani), 디자이너 상표 의상에 대한 대중적인 요구에 부응하기 위한 새로운 시도의 일환으로 스포츠웨어인 마니(Mani)라는 서브 브랜드를 각각 출시하였다. 현재 아르마니는 신사복과 숙녀복, 유아복, 액세서리, 수영복, 넥타이, 향수, 신발, 안경, 보석 등에 이르는 다양한 상품군을 성공적으로 내놓으면서 세계 최고의 디자이너로서의 명성을 얻고 있다. 그는 "패션이란 청결한 아름다움을 추구하는 작업"이라고 정의한다. 그에게 있어 청결함의 의미는 가장 자연스러운 상태를 의미하고 있다. 아르마니의 패션은 가장 지적이면서 우아한 라인, 극도로 장식을 배제한 심플함과 모던함으로 대변되고 있다. 그는 입어서 가장 편안하고 자유스러울 수 있는 상태를 추구한다. 어떠한 옷이든 입었을 때 거추장스럽고 불편함을 느끼게 되는 것을 가장 경멸한다. 복잡한 디자인보다 단순하고 질 좋은 소재의 사용에 중점을 둔 아르마니의 의상은 할리우드 스타를 비롯하여 미국에서 가장 많이 팔리는 브랜드 중 하나이며 전 세계 상류층과 부자들이 가장 선호하는 디자이너 브랜드로 손꼽히고 있다.

에르메네질도 제냐

에르메네질도 제냐(Ermenegildo Zegna)사는 세계적인 명성에 걸맞는 최고급 남성복 브랜드이다. 창업 당시 원단 사업에서부터 출발한 에르메네질도 제냐 브랜드는 지금도 최고 품질의 원단 생산과 토털 패션 브랜드로서 그 이름을 떨치고 있다. 제냐가 생산하는 원단은 세계적인 브랜드, 아르마니와 구찌, 베르사체, 휴고보스 등 세계적인 다수의 유명 명품 브랜드에 공급되고 있다.

매 시즌 제냐만을 위한 특수 원단이 별도로 제작되고 있으며, 제냐의 원단으로 생산된 제냐의 남성복 정장은 세계에서 가장 비싼 가격으로 팔리고 있다. 제냐 남성복에서 느낄 수 있는 최상의 착용감은 고객의 체형에 맞도록 기성복을 보완하여 만드는 반 맞춤복 시스템인 '수미주라(Su Misura)'에서 비롯된다. '수미주라'는 이탈리아어로 "당신의 사이즈에 맞춘다."라는 뜻이다. 제냐사는 모든 고객의 신체 사이즈를 컴퓨터상에 정확히 보존, 관리함으로써 언제든지 고객이 원하는 원단과 스타일만을 고르면 세계 어느 매장에서나 주문이 가능하도록 하였으며, 주문 이후 3주 이내에 자신의 체형에 꼭 맞는 옷을 입을 수 있게 하는 시스템을 갖추고 있다.

주문된 모든 옷은 고도로 숙련된 130여 명에 달하는 재단사들에 의해 만들어지며 완벽한 제품 생산을 위해 하루에 200벌 가량만을 만들어내도록 하는 것도 최고급 제냐 남성복의 비결이기도 하다.

제냐의 명성은 창업 당시부터 이어져온 장인정신과 제냐사의 지칠줄 모르는 연구와 노력의 결과에서 얻어졌다. 창업주인 에르메네질도 제냐는 1910년 이탈리아의 산간 마을인 트리베로(Trivero)에서 아버지가 경영하던 작은 원단 공장을 물려받으면서 패션계에 뛰어 들었다. 그는 세계 최고의 원단을 생산하기 위한 야심 찬 계획을 세우면서 원단의 가장자리에 자신의 이름, 에르메네질도 제냐의 상표를 박아 넣었다. 제냐의 공장에서 생산된 모직물은 시간이 지나도 모양이 구겨지지 않고 언제나 착용감이 좋으며 튼튼하다는 평판을 얻기 시작했다. 1960년대 창업주의 아들인 알도 제냐와 안젤로 제냐가 회사의 경영을 맡게 되면서 제냐사는 최고급 소비자 층을 겨냥한 남성 기성복 시장과 니트웨어, 스포츠웨어, 액세서리 등 사업을 확장하기 시작했다. 그 후 꾸준한 명성과 매출 신장을 이루어 오면서 현재 제냐사는 전 세계적으로 80여 개의 직영매장을 포함한 400여 개에 달하는 제냐 스토어를 갖게 되었다. 또한 스위스와 스페인에는 본사에서 직접 관리하는 생산 공장도 가동 중이다.

에르메네질도 제냐의 남성복은 '뛰어난 품질과 착용감'으로 유명하다. 이러한 명성은 최상의 제품을 만들고자 4대째 가업을 이어오고 있는 제냐 기업의 철학에서 비롯되었다. 끊이지 않는 연구개발과 창조적인 디자인 그리고 최고급 천연원료만을 사용하는 것을 기업 철학으로 하고 있으며 이는 100여 년이 지난 오늘날까지도 변하지 않는 이념으로 이어져 내려오고 있다. 제냐는 매 시즌마다 5~6백 가지의 다른 실을 사용하여 800여 종의 직물을 만들어 내고 있으며, 혁신적인 신소재 개발에 비용을 아끼지 않으며 전력투구한다.

제냐사의 첨단 장비와 장인의 손이 합쳐져 재킷 한 벌을 만들기 위해 140여 개의 원단 조각을 사용, 200번에 이르는 재봉 및 가공 과정, 25번의 다림질, 10번의 품질검사 등 철저하고 꼼꼼한 생산과정을 거쳐서만 제냐의 완제품이 완성된다.

디자인에 있어서도 고급스럽고 자연스러운 멋을 추구하며 지속적인 디자인 개발에 전념하고 있는 제냐사의 장인정신은 이처럼 원단에서부터 완제품에 이르는 전 생산과정에 반영되고 있는 것이다.

양복지의 생산에서 출발한 제냐 그룹이 양복을 생산하는 토털 패션 브랜드로 알려지기까지 제냐사가 강조하는 것은 '질만이 세계로 통하는 자격'이라는 기업정신이다. 까다로운 공정 절차와 사람의 손길 하나하나를 거치면서 탄생하는 에르메네질도 제냐의 신사복은 비록 엄청난 가격이 책정되긴 하지만 대를 물리며 이어져 온 오랜 전통과 장인정신이 깃든 진정한 명품이 무엇인지를 보여주고 있는 것이다.

베르사체

신화 속의 메두사를 브랜드 상징으로 삼으며 관능적이고 상식을 뛰어넘는 자유스럽고 도발적인 의상들을 선보이고 있던 이탈리아의 디자이너 지아니 베르사체(Versace)가 1997년 갑자기 세상을 등지게 되자 이탈리아 패션계는 물론 전 세계 패션계는 한동안 대단한 충격에 휩싸였다. 굳이 어느 디자이너의 의상이라고 말하지 않아도 화려한 의상의 대명사로 통하고 있던 베르사체 브랜드는 운명을 달리한 디자이너의 죽음으로 위기를 경험하게 된다. 하지만 다행히 베르사체 브랜드는 생전에도 베르사체의 아트 디렉터로서 다수의 베르사체 브랜드의 컬렉션을 맡고 있던 누이동생 도나텔라에 의해 성공적으로 계승되어지고 있다. 그녀가 선보이는 베르사체의 컬렉션은 여전히 도발적이며 화려하여 베르사체를 사랑하는 많은 사람들을 실망시키지 않고 있다.

1978년에 시작된 베르사체의 역사는 비교적 짧은 편이다. 의상실을 경영하던 어머니의 영향으로 베르사체의 3형제들은 모두 어릴 적부터 자연스럽게 패션을 몸에 익힐 수 있었다.

둘째였던 지아니 베르사체는 대학에서 건축학을 공부하고 있었지만 우연한 기회에 작은 의상 업체의 니트 디자이너로 일할 수 있게 되었다. 이후 프리랜서 디자이너로 활동하던 어느 날, 그는 형 산토와 누이동생 도나텔라와 함께 밀라노에서 첫 컬렉션을 가지게 되었다. 당시 여성의 몸매를 그대로 살린 패션을 선보였던 베르사체의 의상들은 순식간에 관능적이고 화려한 의상의 대명사로 여겨지게 되었고 베르사체의 이름은 서서히 알려지기 시작했다. 1981년 이들은 베르사체사를 설립, 화려하고 현란하며, 은근하면서 모던한 라인의 의상들을 속속 발표하면서 세계 여성들의 시선을 사로잡았다. 베르사체 브랜드는 다양한 라인의 브랜드로 전개되기 시작했다. 고급 맞춤복을 지향하는 '아틀리에'를 비롯하여 '지아니 베르사체', '이스탄테', '베르수스', '베르사체 진' 등 베르사체만의 독특하고 자유스러운 패션 정신은 이들 각각의 브랜드에서 성공적으로 실현되었다.

베르사체 패션의 특징은 화려하고 여성적이며 현란한 원색과 패턴, 실루엣과 디테일에 있다. 많은 디자이너들이 단순하고 심플한 스타일을 추구해가고 있는 가운데 베르사체만은 뛰어난 독창성으로 다소 과시적이고 소화하기 힘든 원색의 화려하고 독특한 스타일을 추구한 것이다. 그렇기 때문에 베르사체의 의상을 입을 수 있는 사람들은 이미 선택받은 존재로 인식되고 있다. 드레스의 옆을 커다란 옷핀으로 길게 연결하고 있는 관능적인 드레스와 몸의 선을 그대로 드러내는 번쩍이는 소재의 드레스는 베르사체 패션의 대표적인 의상들이다. 베르사체를 입는 자체만으로 스타가 되는 것과 같이 실제로 베르사체의 의상은 할리우드 스타들을 비롯한 전 세계 유명 스타들이 가장 즐겨 입는 의상 중 하나이다.

베르사체는 "예술과 패션은 동전의 양면과 같다."는 말로 자신의 패션 철학을 정의했다. 평소 고대 문화에 탐닉했던 그는 고대 대리석 조각상과 그림들에 둘러싸여 지냈던 탐미주의자이기도 했다. 하나의 예술 작품을 빚어내는 마음으로 패션을 창조하며 자신만의 뚜렷한 색깔을 지녔던 디자이너, 지아니 베르사체와 베르사체 브랜드의 신화는 언제까지나 계속될 것이다.

미소니

스코틀랜드풍, 민속풍, 지그재그컷, 줄무늬 등 미소니(Missioni)만의 독특하고 환상적인 색채와 배색의 조화로 이루어진 패셔너블한 니트 작품을 선보이기 이전까지 니트 제품은 특별한 외출복으로 인식되지 못했던 것이 사실이다. 하지만 오늘날 미소니에 의해 디자인되는 모든 아이템의 니트 제품은 특별한 의상으로 사랑받고 있으며 선택되어지고 있다.

미소니의 설립자인 오타비오 미소니는 1948년 런던 올림픽에 이탈리아 대표로 참가하기도 했던 육상선수였다. 또한 그는 올림픽에 참가한 이탈리아 선수단의 유니폼을 직접 디자인한 디자이너이기도 했다. 이후 그는 현재 미소니를 함께 이끌고 있는 로지타 젤미니와 결혼한 뒤 주문자 상표부착 방식의 패션 제품을 생산하는 일을 시작하였고 1954년 미소니라는 자체 브랜드를 설립하였다. 이때부터 미소니는 추상적이고 기하학적인 색채와 패턴의 니트 제품을 선보이기 시작했는데 색채에서뿐만이 아니라 편안한 착용감이 느껴지는 미소니의 제품은 서서히 많은 사람들의 주목을 받게 되었다. 미소니의 니트가 전 세계적으로 알려지기 시작한 계기는 1966년 밀라노에서 최초로 개최된 미소니의 컬렉션 이후부터였다. 감히 모방할 수 없는 미소니의 독특한 색상과 스타일은 놀라울 정도의 인기를 불러일으키게 되었다.

독특하고 환상적인 색채의 조화로 색채의 마술사로까지 불리는 미소니의 기하학적인 색상이 탄생되는 비결은 40여 가지의 기본 색에서 10가지 색을 선택하여 하나의 색 그룹을 만들어내면서 완성된다. 모든 색상을 혼합한 듯한 색채의 오묘한 배합과 시대를 초월하는 신선한 감각이 바로 미소니 브랜드의 성공 비결이 아닐까 한다. 그리고 전통적인 규범이나 원칙보다는 다양한 스타일로 변형되며 끊임없이 새로운 니트 제품을 선보이고 있는 미소니의 노력 때문일 것이다.

펜디

펜디(Fendi)는 고급스럽고 엘레강스한 명품 모피 브랜드이다. 펜디가 생산하는 모피 제품은 세계 최고의 품질과 디자인을 자랑한다. 펜디는 피혁법과 염색, 소재 개발에 있어서 적극적인 투자를 아끼지 않고 있으며, 이러한 펜디사의 노력이 모피의 대명사, 펜디 브랜드를 탄생시키게 되었다.

펜디의 역사는 1918년으로 거슬러 올라간다. 이탈리아 태생의 아델레 카사그란데는 당시 로마 중심가에 가죽과 모피를 취급하는 작은 가게를 열었다. 1925년 에두아르도 펜디와 결혼한 그녀는 남편의 성을 따서 가게 상호를 펜디로 바꾸었다. 소규모 가죽 제품 가게로 시작한 펜디사는 1962년부터 사업을 확장하여 오트 쿠틔르와 기성복 제조 업체에 가죽과 모피 제품을 공급하기 위해 컬렉션을 개최하기 시작하였다. 또한 파산 직전의 영화관을 인수하여 펜디 매장으로 새롭게 개장하였다. 가죽, 모피, 신발, 지갑, 기성복의 다섯 가지 제품을 취급한 이 펜디 샵이 바로 펜디 플래그 스토어이다.

펜디의 다섯 딸에 의해 운영된 펜디사는 1965년부터 독일 출신의 천재적인 디자이너 칼 라거펠드와 인연을 맺으면서 더

한층 발전하기 시작했다. 그는 펜디의 고급 모피 라인의 디자인을 맡게 되었으며, 펜디를 위한 그의 첫 컬렉션은 패션 관계자들로부터 커다란 호응을 얻었다. 현재까지 성공적으로 펜디를 이끌어가고 있는 칼 라거펠드는 모피에 대한 전반적인 이해는 물론, 다양하고 새로운 재단법을 이용하여 새롭고 혁신적인 모피 제품을 선보이고 있다. 또한 다양한 색상의 모피 제품을 선보이기도 하면서 모피 제품이라면 단연 펜디를 떠올릴 만큼 펜디의 위상을 드높이는 데 공헌하였다. 두 개의 F자를 역대칭으로 결합한 펜디의 로고 역시 그에 의해 탄생한 것이다.

펜디의 브랜드 철학은 패션에 있어 신고전주의적인 접근에 있다. 변함없이 고수하는 펜디의 화려하고 클래식한 이미지는 명품 펜디 브랜드의 생명력을 지속시켜 주는 힘이기도 하다.

명품 모피 브랜드로서의 명성뿐만이 아니라 보석과 자수로 치장되고, 바게트 빵처럼 옆구리에 낄 수 있다는 뜻에서 바게트 백이란 이름이 붙여진 펜디의 핸드백은 할리우드의 유명 스타들이 즐겨 애용하면서 출시 2년 만에 패션 리더들의 필수품으로 등장하게 되었다. 4백여 종에 달하는 다양한 디자인으로 꾸준히 선보여지고 있는 바게트 백을 비롯한 여러 형태의 펜디 핸드백은 모피에서 시작한 펜디 브랜드를 명실상부한 토털 브랜드로 각인시키기에 충분할 만큼 전 세계적으로 선풍적인 인기와 성공을 거두었다.

프라다

평범한 소재와 디자인의 프라다 나일론 백이 파산 직전의 프라다(Prada) 브랜드를 하나의 거대한 패션 제국으로 변모시켜 놓을 정도의 성공을 가져오게 될 지 감히 누가 상상을 할 수 있었겠는가?

프라다의 역사는 1910년으로 거슬러 올라간다. 창업자인 마리오 프라다는 당시 밀라노의 중심가에 왕족과 귀족들을 위한 최고급 여행용 가방을 만드는 작은 가게를 경영하였다. 그는 최고 품질의 가죽 제품 가방과 여행용 액세서리를 만들어 판매하며 1920년대부터 1930년대 최고의 전성기를 맞이하기도 했다. 하지만 프라다의 가게는 1958년 마리오의 사망과 함께 점차 쇠퇴의 길로 접어들기 시작했고, 가업엔 전혀 관심이 없던 마리오의 아들에 의해 결국 파산의 위기에까지 봉착하였다. 1978년 마리오의 손녀인 미우치아 프라다는 부모님에 의해 경영되던 파산 직전의 프라다를 어쩔 수 없이 이어받게 되었다. 가업을 이어받은 그녀는 가방의 소재로 오랫동안 사용되던 가죽을 대신할 독특한 소재를 찾기 위해 고심했다. 그러던 어느 날, 군용 물품 공장에서 낙하산이나 텐트용으로 쓰인 방수천의 일종인 '포코노나일론(Pocono Nylon)'을 생산하게 되었고, 즉각 이 소재를 이용한 프라다 백을 새롭게 선보이게 되었다. 그녀의 아이디어로 탄생된 프라다의 나일론 백은 출시되자마자 커다란 돌풍을 일으키며 크게 히트를 치게 되었다.

방수용의 평범한 나일론 소재가 프라다와 만나 신선한 패션 아이템으로 탄생하게 된 것이다.

미우치아 프라다는 상품에 금속 삼각형 모양의 모노그램을 새롭게 새겨 넣었다. 파산 직전의 위기에서 가업을 구해낸 그녀는 프라다 나일론 백의 성공 이후, 1989년에는 첫 여성복 컬렉션을 개최하였으며, 이어 1993년에는 남성복 브랜드인 '미우미우', 1997년에는 프라다 스포츠에 이어, 2000년에 접어들어서는 화장품 분야에까지 사업을 확장시켜 나갔다.

미우치아 프라다는 정치학을 전공한 정치학도였다. 그녀가 패션을 전공하지 않았기 때문에 오히려 상식을 넘어선 과감한 시도를 할 수 있었으며, 이러한 시도들이 성공을 불러올 수 있었다는 평가를 받기도 한다. 그녀는 단지 보기에 아름다운 옷보다는 입어서 편안함을 느낄 수 있는 옷, 자신이 가장 입고 싶은 옷을 만들고자 할 뿐이다. 그리고 프라다가 추구하는 패션은 실용주의에 있다. 고정관념에서 벗어나 가장 기본적이면서도 지적인 스타일로 프라다만의 아름다움을 추구하는 것이 바로 프라다 패션의 철학이라고 말할 수 있다.

아 테스토니

아 테스토니(A. Testoni)의 역사가 시작된 이탈리아의 볼로냐 지방은 피렌체와 함께 세계 최고급 가죽 패션의 중심지이다. 특히 볼로냐의 가죽과 구두 공장은 이미 12세기경부터 번

창하였으며 많은 가죽 장인들이 모여든 곳이기도 하다. 볼로냐의 가죽 장인들은 이탈리아 귀족들에게 제공되는 구두와 가죽 제품을 오랫동안 만들면서 보다 편안한 구두를 생산해 낼 수 있는 볼로냐만의 구두 공법 기술을 개발하게 되었다. 볼로냐의 구두공법이란 공기가 든 가죽 주머니를 밑창에 넣음으로써 발가락과 그 주위 부분이 신발 안에서 자유롭게 움직일 수 있도록 하는 방법을 말한다. 아 테스토니는 바로 이 오랜 역사를 지닌 볼로냐 구두 공법을 토대로 세계 최고급의 구두제품을 생산하는 브랜드이다. "신어서 편안한 신발, 오래 신을 수 있고 신었을 때 다른 구두와 구별이 되는 신발을 만드는 일"이 아 테스토니의 전통을 이어가는 비결이다. 또한 최고의 가죽 소재와 색의 배합, 우아하면서도 유행하는 스타일을 놓치지 않는 아 테스토니의 구두는 원단 가공 과정에서부터 재단, 제작에 이르기까지 한결같이 수공에 의해 이루어진다. 아 테스토니 구두 중에서 가장 인기 있는 모델로는 창업 때와 똑같은 디자인과 품질을 유지하고 있는 블랙 레이블(Black Label) 제품과 최우수 연구진에 의해 새롭게 개발된 편안한 스타일의 이고(Ego)제품을 들 수 있다.

다른 명품 브랜드의 구두 제품도 마찬가지겠지만 아 테스토니가 구두 한 켤레에 쏟는 정성은 과히 정평이 나 있다. 아 테스토니는 하루 구두 생산량을 150여 켤레 정도로 제한하여 생산해 내고 있는데, 이는 60여 명에 해당하는 장인들의 손길에 의해 정성들여 만들어지는 분량이며, 구두가 완성되기까지 거치게 되는 168단계의 공정도 수작업을 통해 이루어지는 꼼꼼한 제작 과정을 엄수하고 있다. 아 테스토니의 구두는 특별히 선별되거나 제작된 재료와 도구로, 오랜 세월에 걸쳐 녹아 있는 장인들의 정교한 기술과 정신으로 만들어지는 것으로써 타 구두 브랜드가 따라오지 못하는 숨겨진 노하우에서 비롯된다. 역시 이 같은 장인 집안의 출신인 아 테스토니는 그래서 장인들의 존재를 어느 누구보다도 소중하게 여기고 있다. 아 테스토니가 1992년부터 3년제로 운영하고 있는 장인 학교는 이러한 연유에서 비롯된 것이기도 하다.

현재 3대째 가업을 잇고 있는 창업자의 외손자, 카를로 피니 테스토니 사장은 여전히 전통성과 장인정신에 의한 수공업으로 품질을 유지하는 것이 아 테스토니의 앞으로의 과제라고 말한다.

페라가모

1898년 가난한 농부의 아들로 태어난 페라가모(Ferragamo)의 창업자 살바토레 페라가모는 어릴 적부터 직접 동생의 구두를 만들어 주는 등 구두 만드는 일에 관심이 많았다. 11세 때 나폴리의 한 구두점에서 수련공 생활을 시작하면서 본격적으로 구두의 제작 공정을 습득하게 된 그는 13살의 어린 나이에 여성 전용 구둣가게를 열게 되었다. 그리고 16세가 되자 형제들과 미국으로 건너가 그는 미국 서부 산타 바바라의 한 영화 스튜디오 옆에 작은 구둣가게를 열었으며 주로 스타들과 영화에 소품으로 쓰일 구두를 제작하는 일을 하였다. 스타들로부터 인기를 얻게 되면서 점차 그의 구두 사업은 번성하기 시작했다. 사업이 번성하면서 그는 배우들에게 보다 편안한 신발을 제작해 줄 수 있는 방법에 대해서 고심하게 되었고, 결국 인간의 발에 대해서 보다 학문적으로 연구하기 위해 미국 UCLA대학에서 해부학을 공부하게 되었다. 그는 사람에게 있어서 발이 얼마나 중요한 부분이며 평발과 티눈, 굳은 살, 구부러진 발톱 등 다양한 발 모양에 대해 연구하였으며, 사람이 서 있을 때 전 체중이 발에 실린다는 사실을 파악하여 구두 제작 연구에 이 같은 사실을 철저히 고려해 넣었다. 구두 제작에 기울인 부단한 노력과 관심 끝에 그는 드디어 자신만의 독특한 구두 제조 비법을 창조할 수 있게 되었다. 발바닥에 장심을 박아 발가락이 자유롭게 움직일 수 있는 공간을 마련하였으며, 걸을 때 발이 앞으로 밀리는 현상을 방지하도록 하는 등 구두 속에서 발이 최대한 편안할 수 있도록 배려하였던 것이다. 1929년에 다시 이탈리아로 돌아온 그는 현재의 페라가모 본사가 위치하는 피렌체에 정착하였고, 여성이라면 누구나 페라가모의 구두를 한번쯤은 신고 싶다고 인식시켜 놓게 되었다. 뛰어나고 독창적인 디자인, 전 생산과정의 수작업화, 엄격한 품질관리로 페라가모의 명성은 점차 세계적으로 인정받게 되었다. 영국의 윈저 공작 부부와 아르헨티나의 에바 페론 퍼스트레이디, 미국의 여배우 비비안 리와 오드리 헵번, 이탈리아의 소피아 로렌과 같이 수많은 배우와 스타, 왕족들이 그의 편안한 구두에 매료되었으며 페라가모의 고객들은 페라가모의 공방이 있는 이탈리아 피렌체까지 제트기로 날아와 구두를 맞추곤 했다.

페라가모는 제2차 세계대전 기간 동안 가죽 사용이 엄격이 제한되자 구두의 소재로 합성수지와 코르크를 이용헤 멋진 웨지 창 신발을 만든 것으로도 유명하다. 그뿐만 아니라 통상적인 구두 디자인에서 벗어나 미래지향적인 많은 구두를 디자인하기도 하였다. 특히 페라가모를 대표하는 구두는 바라(Vara)이다. 바라는 그로스그레인 리본과 금장식이 돋보이는 낮은 굽의 앞이 막힌 여성 구두로 1978년에 첫 출시된 이래 어느 옷차림에나 무난히 소화되고 전체적인 이미지를 업그레이드시켜주는 특징을 지니고 있어 소녀에서부터 중년 부인에 이르는 모든 연령층의 여성들의 사랑을 받고 있다. 바라는 현재까지 가죽 또는 에나멜 소재, 그리고 검정 색상뿐만 아니라 기타 여러 색상으로 선보여지고 있다.

페라가모의 성공은 단순히 멋진 디자인의 구두만을 만들고자 하지 않았다는 점에 있다. '착용감 좋은 구두'를 만들고자 했던 것이 성공의 비결이었던 것이다. 창업자인 페라가모의 사후에 대부분의 이탈리아 명품 브랜드와 마찬가지로 페라가모사는 가족경영체제로 존속되고 있다. 페라가모는 가족들에게 구두를 단순한 상품이 아닌 예술적인 시각에서 바라볼 수 있도록 교육하였다. 1955년 페라가모 박물관이 개관되어 일반인들에게 페라가모의 신발 역사를 한눈에 볼 수 있는 공간을 마련해 주었다. 페라가모의 박물관에서 느낄 수 있듯이 페라가모의 업적은 패션 액세서리의 한 분야인 신발을 예술적인 경지에까지 올려놓았다는 점이다.

구찌

1881년 이탈리아 피렌체의 한 수공업자의 아들로 태어난 구찌(Gucci)의 창업자 구찌오 구찌는 어린 시절 런던에 있는 한 호텔에서 지배인 생활을 경험한다. 호텔에서 그는 수많은 상류층 고객들의 가방과 트렁크 짐들을 보고 다루면서 점차 가죽 제품에 대한 안목을 키우게 되고 점차 가죽 제품 사업에 대한 관심과 흥미를 느끼게 되었다. 이후 고향 피렌체로 돌아온 뒤 마침내 1923년 승마 관련 가죽 전문점인 자신의 첫 가게를 열게 되었다. 그가 만든 최상의 재질과 세련된 가죽 제품들은 곧 상류사회의 인기를 얻게 되었으며, 피렌체에서뿐만 아니라 로마, 밀라노 등 이탈리아 각지는 물론 세계 곳곳으로까지 사업을 확장시킬 수 있을 정도의 성공을 거두게 되었다. 그의 네 아들들이 이탈리아와 해외의 구찌 상점을 맡게 되었다. 제2차 세계대전 무렵엔 부족한 가죽 대신 캔버스 천을 소재로 한 신선한 가방을 만들어 커다란 호응을 얻었던 구찌는 세계적인 브랜드로 도약하기 시작했다.

구찌를 대표하는 고유 상품으로는 대나무 마디 모양의 손잡

이가 달린 핸드백을 비롯하여 스카프, 구찌오 구찌의 이니셜을 딴 G자가 새겨진 트렁크, 구찌의 대표적인 색상인 빨간색과 녹색의 대비로 이루어진 띠를 붙인 여행용 가방 등이다.

1950~1960년대 최고의 전성기를 누리던 구찌는 1970~1980년대 들어서면서 구찌가(家) 형제들 간의 재산 다툼과 법적 문제의 발생, 안일한 경영 등의 요인으로 파산 직전으로까지 몰리게 되었으며, 더욱이 무분별한 라이선스의 남용으로 구찌의 모조품이 남발 되면서 구찌의 제품 이미지는 끝없이 추락하게 되었다. 결국 오랜 명성을 이어온 구찌 브랜드를 위해 이탈리아 정부가 개입하게 되었고 구찌 일가는 경영 일선에서 물러날 수밖에 없었다. 이후 구찌사는 10만여 종에 달하는 라이선스 상품을 대폭 축소시키고 구찌의 고유 상품들만을 새롭게 재해석하여 선보이는 등 제품의 이미지와 경영에 일대 혁신을 가하기 시작하였다. 1994년 미국 출신의 젊은 디자이너 톰 포드가 구찌 디자인의 총책임을 맡게 되면서부터 구찌는 옛 명성 그 이상의 성공을 거두며 제2의 전성기를 누릴 수 있게 되었다. 톰 포드는 구찌의 전 제품을 보다 섹시하고 미래적으로 재현하여 패션 관련자와 고객들로부터 열렬한 사랑과 지지를 이끌어냈다. 구찌에 대한 톰 포드의 패션 철학은 구찌의 클래식에 뿌리를 두면서 섹시함과 품격, 복고와 유행 사이의 절묘한 조화에서 비롯된다. 폼 포드는 구찌의 디자인뿐만 아니라 구찌의 아트 디렉터로서 구찌의 총체적인 이미지까지 관리하면서 구찌의 클래식함에 현대적인 젊은 취향을

가미하여 구찌의 전 제품을 보다 신선하고 새로운 이미지로
변신시켜 놓았다.

현재 구찌는 남녀 의류를 비롯하여 핸드백, 신발, 스카프,
시계, 안경 등의 액세서리와 보석, 향수, 홈 컬렉션에 이르는
다양한 제품들을 생산하며 전 세계 2백여 개 이상의 직영 매
장을 성공적으로 운영하고 있다. 구찌는 명실상부한 명품 토
털 브랜드로써 새로운 신화를 이어 나가고 있는 중이다.

에트로

페이즐리 무늬로 유명한 이탈리아 브랜드 에트로(Etro)는 최
근 가장 인기 있는 명품 브랜드로 떠오르고 있다고 해도 과언
이 아닐 것이다. 많은 여성들이 에트로의 핸드백과 가방, 의류
에 열광하고 있기 때문이다. 에트로는 페이즐리 문양이라는
독특한 패턴으로 에트로의 이미지를 표현하고 있다.

에트로의 브랜드 역사는 그리 오래되지 않았다. 현재 에트
로의 회장인 짐모 에트로(Gimmo Etro)는 작은 아버지의 가업
을 이어받아 1968년 텍스타일 디자이너로 밀라노에서 원단
사업을 시작하였다. 당시 에트로는 캐시미어, 실크, 린넨, 면
등의 고급스러운 천연섬유로 만든 원단을 전 세계 유명 디자
이너들에게 공급하였다.

주로 여행을 통하여 디자인의 영감을 얻고 있던 에트로는
어느 날 인도의 카슈미르 지방의 전통 문양을 현대적 감각으

로 재해석한 페이즐리 문양에 흥미를 느끼고 디자인하게 되었다. 고풍스런 캐시미어 숄을 수집하면서 페이즐리 문양을 접하게 된 그는 이 문양의 독특함에 반해 직물에 사용하게 되었던 것이다. '페이즐리'는 원래 모직물의 본고장이라 할 수 있는 영국 스코틀랜드의 작은 도시의 이름에서 따온 것으로 문양 역시 그 지역의 직물 패턴 중 하나이다. 페이즐리 문양은 고급스러운 직물에 에트로만의 오묘하면서도 풍부한 색감이 곁들여져 새롭게 탄생하게 되었다. 1981년 컬렉션에서 선보여진 에트로의 페이즐리 직물이 큰 호응을 얻게 되자, 1984년부터는 핸드백, 슈트케이스, 여행가방 등의 아이템에 페이즐리 문양이 적용되기 시작했다. 페이즐리 문양의 커다란 호응과 함께 에트로는 세계적인 명품 브랜드로 탄생하기 시작했다.

특히 인기를 얻고 있는 에트로의 페이즐리 문양 가방은 다음과 같은 다양한 모델로 출시되고 있다. 첫째, 신비감과 지적이고 매혹적인 문양으로 평가받는 에트로의 페이즐리 문양 원단위에다 PVC 코팅 처리를 하여 색감이 화려한 '아르니카 라인'과 둘째, 나일론 소재의 단색 페이즐리 문양으로 보다 가볍고 실용적인 '펠체 라인', 그리고 나일론 자카드 조직으로 단색의 페이즐리 문양으로 직조된 '팔마라인'으로 구성된다.

최고급 천연섬유만을 사용하여 페이즐리 문양을 새롭게 재해석한 정교한 디자인과 신비하고 풍부한 색상을 곁들여 만든 에트로의 페이즐리 문양의 숄과 스카프, 가방 등이 에트로의 대표적인 상품이지만 에트로의 다양한 헤어 액세서리 역시 다양한 무늬와 색상, 재질, 편안한 착용감으로 꾸준한 사랑을 받고 있다. 또한 에트로가 발표하는 의상 역시 최상급의 캐시미어, 실크, 울, 면 등의 고급스러운 소재와 동양적 이미지로 인해 수많은 에트로 마니아를 흡수하고 있다.

현재 에트로는 창업자인 짐모 에트로의 아들인 킨 에트로에 의해 운영되고 있다. 가족경영체제를 유지하고 있는 에트로는 30년이 약간 넘는 짧은 역사에도 불구하고 페이즐리 문양을 내세운 뚜렷한 브랜드 색깔을 가지고서 전 세계적인 명성을 이어가고 있다.

버버리와 캘빈 클라인

영국

1930년대부터 영국은 파리에서와 같이 새로운 디자이너들이 왕실 의상 제작에 참여하면서 파리의 디자이너들과 유사한 방식으로 자신의 의상실을 운영하게 되었다. 런던은 고급 맞춤복의 중심지로서 패션 발달의 초창기, 주로 산책복과 승마복에 대한 수요를 충당하며 발전하였다.

영국의 에드워드 7세는 패션에 관심이 많은 국왕이었다. 항상 말쑥하고 세련된 차림으로 새로운 스타일을 창조해 내거나 유행을 만들어 내곤 했다. 이후에도 윈저 공에서 다이애나비에 이르기까지 영국 왕실 사람들의 패션에 대한 높은 관심과 뛰어난 패션 감각은 영국 패션에 대한 전 세계적인 관심을 불러 모으는 요인이 되기도 했다. 이처럼 왕실과 그 가족들이 패션 행사에 참여하거나 관심을 가지고 있다는 사실은 영국 디자이너들에게 굉장한 힘을 실어주는 일이다.

전통적인 신사복 테일러링과 격식을 차린 스포츠웨어 분야에 뛰어난 영국은 최근 런던 패션 디자이너 협회에 소속된 디자이너들이 컬렉션의 시기를 파리보다 앞서 개최하면서 언론과 바이어들의 관심을 모으고 있다.

1960년대 중반에 접어들면서 파리의 소수 고객을 위한 오트쿠틔르의 현저한 고객 감소와 쇠퇴가 거리의 일반 대중에게 초점을 맞춘 영국 패션에 대한 관심으로 이어지게 되면서 세계 패션계는 영국의 재능 있는 디자이너들에 의해 서서히 주도되기 시작하였다. 특히 60년대 영국의 전설적인 그룹 비틀즈의 인기는 그들의 패션조차 세계 젊은이들의 추종 모델이 되게 하였고 신진 디자이너들에 의한 영국의 최첨단 패션은 파리의 오트쿠틔르를 위협할 정도였으며, 런던은 매력과 활기가 넘치는 패션의 도시로 부각되었다.

영원한 명품 브랜드인 버버리는 영국 왕실의 사랑을 받으며 영국의 대표적인 브랜드로 군림하고 있다. 그밖에도 비비안 웨스트우드, 파리의 크리스찬 디올의 총 디자인을 맡고 있는 존 갈리아노 등 런던의 재능 있는 디자이너들의 활약이 패션계에 활력을 불어 넣고 있다.

미국

미국은 기성복 대국이다. "패션은 영국에서 탄생하고 프랑스에서 미화되었으며 이탈리아에서 품위가 생겼다. 그러나 패션의 유통은 단연 미국이다."는 말이 있다.

프랑스 패션 산업이 미국 수출에 의존해 발전해 올 수 있었던 만큼 미국은 1920년대 파리 디자이너들의 디자인과 패턴을 자국에 소개하고 판매하는 데 열광적이었다. 그 결과 1940년 이전까지 미국의 패션은 크게 파리의 영향에서 벗어나지 못했다. 하지만 독일이 파리를 점령하게 되자 파리의 패션은 더 이상 전 세계적으로 전해질 수 없게 되었고 미국 역시 자국의 패션 디자인 능력을 개발하는 데 총력을 기울이게 되었다. 자국 패션의 생산 기술과 디자인에 대한 각별한 노력을 기울이는 한편 여전히 잡지와 신문과 같은 언론을 통해 파리를 비롯한 전 세계의 패션 동향을 신속하고 지속적으로 접할 수 있는 환경을 마련했다.

유럽보다 전쟁의 영향을 훨씬 덜 받은 미국은 기성복 패션과 스포츠웨어 부분에서 점차 세계시장을 석권하게 되었고, 자국의 경제적 부를 축적하면서 미국의 패션 시장은 급격한 발전을 이룩하게 되었다.

제2차 세계대전 후, 파리 여성 중 40% 정도가 기성복에 의지한 반면 미국의 여성은 95% 이상 기성복을 입었다는 통계만으로도 미국 기성복 시장의 위력을 실감할 수가 있다. 이는 미국 특유의 상품 기획력과 광고 산업이 뒷받침된 결과이기도 하다. 가장 효율적인 기성복 생산 라인의 개발과 유통과정의 합리화를 이룩함으로써 패션의 이윤을 증대시킬 수 있었던 것이다. 다양한 라이프스타일에 부합하는 패션을 지역별로 특화시켰는가 하면 특히 10대 시장을 겨냥한 영룩(Young Look)의 개발과 생산은 단연 미국이 독보적이었다.

뉴욕은 미국에서 의류 산업 분야가 차지하는 비율이 가장 높은 곳으로 미국 패션의 중심지를 이루고 있다. 뉴욕의 패션 디자이너들은 처음엔 유럽 모드를 많이 모방하려 하였지만, 서서히 아메리칸 스타일을 부각시킬 수 있게 되었다. 미국 패션발전의 원동력은 뉴욕의 거대한 패션 산업의 발전과 할리우드라는 영화 산업의 특성에서 찾을 수 있다.

랄프 로렌, 캘빈 클라인, 도나 캐런 등은 가장 미국적인 디자인을 표방하는 대표적인 디자이너들이다. 최근에는 파리의 루이비통 디자인을 담당하고 있는 마크 제이콥스와 구찌의 톰 포드 등 미국의 신진 디자이너들이 새롭게 주목받고 있다.

버버리

버버리(Burberry)는 1백년의 역사와 전통을 자랑하는 영국의 대표적인 명품 브랜드이다. 하지만 오랜 역사에도 불구하고 버버리의 제품 디자인은 창립 이래 거의 바뀌지 않은 것이 특징이다. 전통적인 클래식한 디자인을 고수하면서도 여전히 세계인의 사랑을 받고 있는 명품 중의 명품 브랜드 버버리는 레인코트의 대명사로 통하기도 한다.

버버리의 창시자인 토마스 버버리는 1835년 영국의 작은 마을에서 태어나 유년 시절 포목상에서 일을 한 경험을 바탕으로 1856년 21세의 어린 나이로 자신의 첫 가게를 열었다. 직물과 의류 제조뿐만 아니라 소재의 개발에도 특별한 관심을 가지고 있었던 그는 당시 목동이나 농부들이 들에서 일할 때 입던 린넨 소재인 '스모크 프록' 소재가 여름에는 시원하고 겨울에는 따뜻한 장점을 가지고 있는 것에 착안하였다. 그는 스모크의 재질을 개발하여 비바람에 잘 견디고 통기성이 뛰어난 새로운 소재를 얻기 위한 수많은 시도 끝에 드디어 '개버딘'이라 이름 붙인 우수한 방수 기능의 천을 개발하는 데 성공하게 되었다. 그는 개발한 개버딘 소재를 가지고 영국 시골의 농부나 목동늘이 즐겨 입던 실용적인 작업용 가운에서 디자인을 착안하여 필드 스포츠를 위한 코트와 재킷을 제작하였다. 내구성이 강하고 추위와 비바람을 막아주는 버버리의 코트가 전 세계적으로 알려지기 시작한 것은 제1차 세계대전중 참호 속에서 추위에 떨고 있던 군인들의 필수품으로 버버리의 레인코트가 착용되고부터였다. 이후 뛰어난 방수성과 통기성, 보온성을 지닌 버버리의 레인코트는 '버버리'라는 그 이름 자체로 불리면서 영국 왕실과 상류층 인사들과 때로는 영화와 TV 속 주인공들의 멋스럽고 매력적인 필수 아이템으로 각광받게 되었고 서서히 일반인들의 주목을 받기 시작했다.

버버리는 성장을 거듭하여 전 세계적으로 대리점을 구축하게 되었으며 오늘날까지 대를 이어 명맥을 이어나가고 있다. 버버리는 영국의 엘리자베스 여왕과 웨일즈 왕자로부터 훈장을 수여받았으며 옥스퍼드 사전에서도 그 이름을 찾을 수 있는 영국의 대표적인 명품 브랜드로 인정받고 있다.

버버리의 디자인 철학은 유행의 흐름에 좌우되지 않으며 내구성과 실용성을 중시한다는 것이다. 특히 버버리가 디자인에 앞서 가장 중시하는 것은 옷감의 용도에 맞는 소재의 선택이다. 일단 용도에 맞는 소재와 디자인이 선정되면 최대한으로 편안하고 자유롭게 활동할 수 있는 옷을 제작하는 데 고심하는 것이다.

버버리의 남성복은 영국 전통 의류의 최정상의 위치를 차지하고 있으며, 이 외에도 여성의류, 캐주얼, 스포츠웨어, 니트웨어, 아동의류 분야에서도 새로운 시도와 변화를 추구하며 정통 영국 귀족의 패밀리 이미지를 내세우며 수많은 사람들로부터 변함없는 사랑을 받고 있다.

캘빈 클라인

캘빈 클라인(Calvin Klein)의 패션은 실용적이며 기능적인 동시에 세련되고 현대적인 미국의 뉴욕 스타일을 대변한다. 주로 데님, 니트와 같은 손질이 쉽고 편안한 느낌을 주는 소재와 디자인, 자연에 가까운 색상을 즐겨 사용하면서 평범한 일상복의 단순한 요소에 절제된 멋스러움을 부여하고 있다. 창업자이기도 한 캘빈 클라인은 뉴욕 스타일, 아메리칸 스타일을 창조하는 미국의 대표적인 디자이너이다. 그의 앞서가는 패션 정신과 시대를 꿰뚫어보는 정확하고 예리한 마케팅 능력은 캘빈 클라인이 성공할 수 있었던 요인이 되었다.

캘빈 클라인은 1962년 미국 FIT 의상 학교를 졸업한 뒤 여러 기성복 회사의 프리랜서로 일하면서 패션계에 발을 들여놓았다. 1968년 드디어 친구의 도움을 받아 뉴욕 7번가에 자신의 회사를 설립한 뒤, 전문직 여성을 위한 캐주얼하면서도 우아한 클래식 의상들을 선보이기 시작했다. 우연한 기회에 캘빈 클라인의 의상이 한 바이어의 눈에 띄게 되면서부터 캘빈 클라인은 서서히 아메리칸 스타일을 대변하는 디자이너로 각광을 받기 시작했다. 특히 그를 세계적인 디자이너로 도약시킨 것은 바로 1978년부터 시작한 청바지 사업의 성공에 있었다. 당시 최고의 인기를 누리고 있던 배우, 브룩 쉴즈를 모델로 기용한 캘빈 클라인의 전략적인 광고 효과와 기존의 디자이너 브랜드에서는 시도하지 않았던 캐릭터를 강조한 디자이너 진을 선보였다는 점에서 캘빈 클라인의 진(Jean) 패션은 단번에 유행을 쫓는 세대들의 필수 아이템이 된 것이다. 이후 1982년 남성 사각 팬츠의 앞 중심 고무 허리 밴드에다 브랜드 이름을 새겨 넣은 CK 언더웨어 라인을 발표하였고, 1988년에는 향수를 런칭하였다.

캘빈 클라인은 청바지와 속옷, 향수라는 틈새시장을 속속 개척하면서 대대적인 성공을 거둘 수 있게 되었다. 섹스를 연상시키는 흑백의 도발적이고 선정적인 캘빈 클라인 광고사진은 패션계의 비상한 관심 속에 늘 강한 인상을 심어주며 캘빈 클라인 브랜드에 대한 이미지를 극대화시켜주고 있다.

1990년대 들어 보다 도전적이고 젊은 정신을 반영하는 패션들을 선보이고 있는 캘빈 클라인의 패션은 한마디로 심플하고 모던한 뉴욕 스타일의 추구에 있다. 1995년부터 홈 컬렉션에도 손을 대기 시작한 캘빈 클라인은 패션의 오스카상이라 불리는 미국 패션 디자이너 협회(CFDA) 상을 여러 차례 수상하며 가장 현대적인 디자이너로 평가받고 있다.

랄프 로렌

미국 디자이너 랄프 로렌(Ralph Lauren)의 스포츠 라인인 '폴로 랄프 로렌'은 폴로 셔츠의 대명사로 통한다. 인도에서 고안된 폴로 경기는 영국으로 건너가 영국 귀족들이 즐겨하는 대표적인 스포츠로 자리를 잡았다. 당시 선수들은 앞단추를 풀어 젖힐 수 있는 짧은 소매의 폴로 셔츠를 입었는데, 이 의상은 랄프 로렌에 의해 상류층의 활동적이면서도 품격 있는 의상 아이템으로 인식되었다. 원래 폴로 셔츠는 프랑스의 테니스 선수였던 르네 라코스테가 스스로 고안한 짧은 소매의 피케 조직의 면으로 만든 폴로 셔츠를 입고 경기를 하면서 주목을 받게 되었고, 이후 이 스타일이 폴로 셔츠의 기본 형태로 자리잡게 되었다. 주로 레저 활동을 할 때 입었던 폴로 셔츠가 라코스테에 의해 브랜드화되어 일반인들도 일상복으로 폴로 셔츠를 즐겨 착용하게 된 것이다. 셔츠의 왼쪽 가슴 부분에 폴로 경기를 하는 선수의 모습을 작게 수놓은 엠블렘으로 유명한 폴로 셔츠는 1990년 후반에 이르러 라코스테의 인기를 능가하기 시작하였다.

브랜드 이름을 아예 '폴로'로 정한 디자이너 랄프 로렌은 1939년 미국 뉴욕에서 태어났다. 넥타이 제조 회사에서 넥타이 디자이너로 일하고 있던 그는 1967년에 본명인 립쉬추에서 로렌으로 이름을 바꾸고 폴로 패션이라는 이름으로 넥타이 사업을 시작하였다. 화가였던 아버지로부터 색채에 대한 천성적인 감성을 물려받은 그가 디자인한 넥타이는 많은 사람들의 시선을 끌었다. 넥타이 사업의 성공으로 그는 '폴로 바이 랄프로렌'이라는 이름의 남성복과 여성복 라인을 차례로 선보이면서 본격적으로 의류 사업을 시작하게 되었다.

편안하고 활동적인 이미지가 강한 셔츠와 니트웨어, 스포츠웨어에 이르는 폴로의 전 의상에는 어릴 적부터 운동을 좋아했던 그의 스포츠 정신이 잘 반영되어 있는데, 이것이 폴로 패션의 가장 큰 특징이기도 하다. 이후 랄프 로렌은 남성복과 여성복은 물론 안경, 향수, 침구류, 자기류, 가죽 제품에 이르기까지 사업 영역을 확대하기 시작했다. 현재 폴로의 복합매장은 전 세계에 걸쳐 4,500여 개에 달한다.

랄프 로렌의 패션 철학은 유행에 민감하지 않지만 자신만의 스타일로 멋을 내는 사람을 중시하는 것에서 출발한다. "평일에는 우아하면서 편안한 슈트를 입고, 주말에는 별장에서 캐주얼한 차림으로 자연을 즐기는 상류층의 라이프스타일"을 광고와 매장 디스플레이 전체에 반영하고 있다. 즉, 랄프 로렌은 영국과 미국 상류사회의 전통적인 라이프스타일을 컨셉으로 전통과 기본에 충실한 디자인과 실용적인 가치를 추구하며, 성별과 세대를 불문하고 모두가 즐길 수 있는 전 세계적인 패밀리 브랜드를 지향하고 있다.

휴고보스 와 에스까다, 아이그너, 발리

    프랑스와 이탈리아, 영국 이외의 유럽 지역에서도 숙련된 장인들에 의한 명품 패션 산업의 전통을 찾아볼 수 있다.

    특히 독일은 철학과 문학, 음악의 국가이긴 하지만 아울러 실용성과 예술성을 중시하는 국가이기도 하다. 명차(名車) 메르세데스 벤츠를 만드는 국가이기도 하지만, 독일만의 꼼꼼하고 치밀한 장인정신으로 완성된 명품 브랜드인 휴고보스, 에스까다, 아이그너와 같은 패션 명품 브랜드와 샤넬, 펜디 등의 디자인을 담당하고 있는 칼 라거펠드와 질 샌더와 같은 독일 출신 디자이너들의 활약도 눈여겨 볼 만하다. 그밖에 앤 드밀레 미스터, 드리스 반 노텐, 헬무트 랭 등 벨기에와 오스트리아 출신의 디자이너들도 대거 파리 패션계에 진출하여 전 세계적으로 알려지고 있다.

일본의 디자이너들도 1960년대부터 활발히 파리에 진출하기 시작했다. 수많은 일본 디자이너들이 불규칙성, 불완전성, 비대칭성을 그들의 디자인에 응용하면서 매 시즌 신선한 충격을 선사하면서 파리 무대에서 그들의 능력을 인정받으며 대대적인 성공을 거두고 있다. 이세이 미야케, 꼼 데 가르송(Comme des Garcon)의 레이 가와구보, 요지 야마모토, 겐조 등이 그 대표적인 디자이너들이다.

패션 명품이란 당연히 오랜 역사와 전통을 자랑하는 것이 필수적인 것이기도 하지만, 패션계에서 이들 독일, 벨기에, 오스트리아, 일본 등 기타 국가의 디자이너들의 활약을 눈여겨보지 않을 수 없다. 왜냐면 이들이 차세대 패션 명품 브랜드의 주인공으로 새롭게 부각되고 있기 때문이다. 물론 이들 중 몇몇 디자이너 브랜드는 이미 명품 대열에 진입하였다고 해도 과언이 아닐 것이다.

휴고보스

세련되고 깔끔한 라인의 독일 남성복 브랜드인 휴고보스 (Hugo Boss)는 성공한 상류층 남성들이 선호하는 품격 높은 명품 브랜드 중 하나이다. 휴고보스의 역사는 독일 남부 슈투트가르트 부근의 메칭엔에서 작업복과 유니폼, 레인코트 등을 만드는 작은 의류 공장으로부터 시작되었다. 휴고보스는 제2

차 세계대전 당시 히틀러유겐트와 국방군의 유니폼을 제작한 회사로도 유명하다. 신축성이 뛰어나고 튼튼한 작업복을 주로 생산하던 휴고보스는 홀리 형제가 휴고보스사에 합류하면서부터 작업복에 자유스러움과 예술성을 접목시킨 또 다른 컨셉의 작업복을 선보이면서 성공을 거듭했다.

이처럼 작업복을 생산하던 휴고보스가 오늘날과 같은 세련된 남성복 의류 전문 브랜드로 발돋움하기 시작한 것은 1960년대부터였다. 편안한 스타일의 남성적 정장에 현대적인 감각의 디자인을 접목시킨 휴고보스는 혁신과 창조성을 기본 모드로 성공한 남성의 상징으로 인식되었다.

특히 휴고보스라는 이름이 전 세계적으로 알려지기 시작한 것은 1972년에 열린 자동차 경주대회인 포뮬라 1에서 평소 자동차에 관심이 많던 휴고보스사의 요헨 홀 리가 포뮬라 1의 챔피언인 오스트리아인 니키 라우더와의 친분으로 그를 후원하였는데, 이 자동차 경주의 스폰서링이 휴고보스의 인지도를 높여준 계기가 되었다. 이후부터 휴고보스는 자동차 경주 이외에도 골프, 테니스 등 각종 스포츠 경기의 후원 업체로 참여하면서 적극적인 스포츠마케팅을 펼쳐왔다. 또한 스포츠웨어 제품을 런칭하여 세계적인 스포츠웨어 브랜드라는 이미지 구축에도 힘을 기울이게 되었다. 이탈리아 직조 회사와 긴밀한 협조 체제를 구축하여 1972년부터 휴고보스는 이탈리아의 세계적인 명품 브랜드의 직조 회사들로부터 최상의 원단을 공급받았는데, 이 또한 휴고보스사의 성공 요인으로 꼽을 수 있다.

오랫동안 남성복만을 생산해 오던 휴고보스는 1990년대 후반부터 휴고보스 여성복 라인을 선보이기 시작했다. 남성복의 컨셉과 마찬가지로 휴고 여성복 역시 성공적인 삶을 살고 있는 현대적인 여성들을 주 타깃으로 하며 합리적이고 실용적인 동시에 감각적인 디자인으로 선보여지고 있다.

휴고보스의 디자인 철학은 '강한 남성미가 가미된 절제된 우아함'에 근본을 두고 있다. 남성 정장에서부터 넥타이, 여성복, 스포츠웨어, 가죽 제품 그리고 향수에 이르는 토털 패션 브랜드로서의 휴고보스는 미국 할리우드의 남성 스타들이 가장 선호하는 브랜드이기도 하며, 전 세계 99개 나라에서 높은 인지도를 자랑하며 사랑받는 실용성과 예술성이라는 양면성을 지니고 있는 가장 독일적인 명품 브랜드라 할 수 있다.

에스까다

독일의 대표적인 패션 브랜드인 에스까다(Escada)는 1974년 볼프강 라이(Wolfgang Ley)와 마르가레타 라이(Margaretha Ley) 부부가 독일 뮌헨에서 패션 업체를 시작하면서 탄생하게 되었다.

에스까다의 디자인 및 컬렉션의 담당은 파리에서 디자인 경험을 익힌 부인 마가레타 레이가 담당했으며 판매, 시장조사, 생산, 회계에 이르는 경영 부분은 전적으로 남편인 볼프강에 의해 이루어졌다.

이들 부부는 소재와 디자인 등에서 차별화를 두고 어떠한 장소나 상황, 기후 환경에서도 입을 수 있는 멀티 라이프스타일의 패션을 창조하고자 했다. 이들 부부의 노력은 옛 아일랜드어로 '끊임없는 성공'을 의미하는 에스까다라는 브랜드로 탄생하게 된 것이다.

에스까다는 1978년 가을 'ESCADA Sporty Elegance'라는 이름으로 첫 컬렉션을 선보였다.

에스까다는 환상적인 디자인의 니트웨어와 재킷, 가죽 등의 소재와 아이템에 있어서 타 브랜드와는 다른 독창적인 디자인을 제시하면서 전 세계 소비자와 경쟁사들로부터도 찬사를 받기 시작했다. 12가지 다른 테마를 시즌별로 정하여 다양한 소재를 이용하여 서로 다른 전 세계 트렌드 시장에 적합한 디자인을 개발함으로써 미국, 영국, 일본, 한국을 비롯한 전 세계적인 유통망을 성공적으로 형성하게 되었다.

1980년에 젊은 비즈니스 여성들을 위한 세컨드 브랜드로 'Laurel'가 설립되었고 1990년 처음으로 여성을 위한 향수 'ESCADA by Margaretha Ley'를 출시하게 되었다.

에스까다는 좋은 원단과 기능성을 고루 갖춘 의상을 제시하면서 창의적인 디자인과 동시에 편안함을 추구한다. 비록 다른 명품 브랜드에 비해 역사가 짧은 편이지만, 에스까다는 품질을 최우선으로 삼아 최상품의 원단 사용과 정확한 재단 기법과 색상, 디자인 측면에서 탁월하고 완벽함을 추구함으로써 명품 브랜드로 도약하는 데 성공할 수 있었다.

에스까다를 탄생시킨 마가레타 레이가 1992년 사망함으로써 에스까다의 디자인은 1980년대부터 에스까다의 디자인실에서 일해오던 디자이너, 브라이언 레니(Brian Rennie)의 손에 맡겨지게 되었다. 젊고 재능 있는 새 디자이너에 의해 에스까다는 제2의 도약을 향한 발판을 마련하였으며 에스까다 스포츠 라인을 새롭게 출시하기도 하였다.

회사의 적극적인 경영 방침으로 에스까다 브랜드는 전 세계적으로 438개의 매장을 보유하고 있으며 "to make women beautiful and happy our fashion"이라는 창업 당시의 신념을 항상 염두에 두고 아름다움과 디자인의 혁신을 이루어 최상의 품질을 지켜나가고 있는 것이 에스까다 성공의 비결이다.

아이그너

독일의 명품 브랜드인 아이그너(Aigner)의 창시자, 에티엔 아이그너는 1904년 헝가리에서 태어났다. 수공업적인 가족경영체제로 가죽 제품을 만들고 있던 그는 1950년대 뉴욕에서 첫 아이그너 가죽 컬렉션을 선보인 이후 1964년 자신의 회사를 설립하게 되었다. 독일 뮌헨에 아이그너 본사를 두고 행운의 말발굽을 상징하는 'A'자를 회사의 로고로 탄생시킨 뒤 뛰어난 디자인 감각과 최고 품질의 가죽 제품을 생산하는 브랜드로 명성을 쌓아가기 시작했다. 1970년대 들어 아이그너는 트렁크 가방과 신발, 스카프와 넥타이, 향수, 액세서리 등의 영역으로 상품의 범주를 확장시켜 나갔다. 그리고 기존 아이그너의 가죽 제품들과 조화를 꾀하며 우아하면서도 모던한 스타일의 남성복과 여성복 컬렉션의 성공적인 전개는 아이그너 브랜드를 독일 지성의 최고 토털 브랜드로 발돋움시킬 수 있는 계기가 되기도 하였다.

아이그너의 명성은 최고 품질의 가죽을 사용하여 최상의 명품을 만들고자 하는 철학과 장인정신에서 비롯되었다. 아이그너는 최고 품질의 가죽을 얻기 위해 기온이 높지 않고 습도가 적당한 스위스, 독일 남부, 이탈리아 지역에서 사육한 소만을 사용하고 있으며, 모기나 각종 벌레에 물린 자국이 없는 소가죽만을 엄격히 선별하여 사용한다. 또한 가죽 중에서도 특히 품질이 우수한 부위라고 할 수 있는 목 부위 가죽만을 고집한다. 이는 전체 소가죽의 8%에 해당할 뿐이다. 이렇게 얻어진 최상의 가죽 소재는 역시 아이그너 최고의 숙련공에 의해 제품 하나하나가 제작되어 출시되는 것이다.

독일의 장인정신이 산업화의 영향을 받게 되자 아이그너에서 제작되는 모든 가죽 제품은 이탈리아에서 디자인 되었으며 대부분의 전 생산 공정 역시 이탈리아에서 진행할 정도로 아이그너는 제작 과정에 있어서 철저한 장인정신을 유지하고 있었다. 이러한 아이그너만의 가죽 선별 작업과 제품의 생산에 있어 고집스러운 장인정신이야말로 아이그너가 명품 브랜드로 영원히 재탄생될 수 있는 비결인 셈이다.

발리

발리(Bally)의 창시자 칼 프란츠 발리(Carl Franz Bally)는 1851년 스위스의 쉔베르트에서 구두를 생산하기 시작했다. 그는 부모로부터 물려받은 신축성 있는 고무밴드 제품을 생산하는 고무공장을 운영하고 있었다. 그러던 어느 날 파리 출장길에 아내의 구두를 사오게 되었고 사가지고 온 구두에다 자신의 고무공장에서 생산된 고무밴드를 달아 더욱 신기 편하게 만들었다. 이렇게 부인의 구두를 손질해 주면서 자신의 공장에서 직접 구두를 제작해 볼 생각을 가지게 된 것이다. 그는 자신의 이름의 첫 글자를 따서 'C. F. Bally'라는 회사명으로 본격적인 구두 사업을 시작하게 되었고, 오직 고급 수제 신발을 만드는 데 전념하게 되었다. 발리 구두가 해외에까지 그 명성을 떨치게 된 계기는 당시 한 독일 상인이 남미에다 발리 구두를 내다 팔기 시작하면서부터였다. 그 후 프란츠의 맏아들인 에두아르트 발리가 1869년 영국과 미국에서 새로운 구두 기술과 비지니스를 익혀 돌아옴으로써 발리는 새로운 도약의 기회를 맞이하게 되었다. 1881년 발리가 영국 시장을 개척하게 된 것은 발리 브랜드가 전 세계적으로 고급 수제화 제품을 만드는 구두 브랜드로 확실한 명성을 굳히는 계기가 되었다. 영국 소비자들이 워낙 고급 구두만을 애용했기 때문에 그들의 취향에 맞추어 발리 구두가 질적으로 많은 발전을 할 수 있었던 것이다. 그리고 발리의 고급 구두가 영국 왕실과 귀족

등 상류층 소비자들에게 최고급 구두 브랜드라는 인식을 심어줄 수 있게 된 것이다. 발리의 구두 제품은 '최고의 질'을 추구한다는 적극적인 마케팅으로 프랑스, 이탈리아 등의 유럽을 비롯하여 미국 등의 해외시장을 개척할 수 있게 되었다.

발리는 "최고가 아니면 만들지 않는다."는 명품 철학 아래 160년의 역사 동안 그 명성을 이어오고 있다. 발리 구두 한 켤레가 만들어지기까지 일반적으로 120여 가지의 공정을 거치며 발리의 고가 구두 제품은 220여 가지의 공정을 통해 탄생된다.

"좋은 제품을 만들면 고객들은 당연히 그 제품을 찾게 된다."는 창업자의 정신에 따라 발리는 최상의 품질로 최고의 제품을 만들어내기 위한 노력을 아끼지 않았으며 이러한 노력의 결과가 발리 구두를 '신지 않은 듯한 편안한 착용감'이라는 인식을 고객들에게 심어줄 수 있게 해주었던 것이다.

현재 발리의 공장에는 35만 개에 달하는 구두 모양틀을 보유하고 있으며 각 나라별로 그 나라 사람의 발 모양 특성에 맞는 구두 제품을 생산하기 위해 발리는 지역별, 인종별로 다른 발 모양을 조사하여 구두 제작에 반영한다.

70세의 나이로 일선에서 물러난 창업자의 뒤를 이어 그의 아들과 손자들에 의해 발리는 전통과 명맥을 이어나가고 있다. 이들은 구두 패션의 중심지인 이탈리아와 프랑스에도 공장을 세웠으며, 1970년대부터 의류, 가방, 시계 등을 생산하는 토털 패션 브랜드로 키우게 되었다. 그리고 최고의 제화공을 육성하고 스위스의 장인정신을 이어가기 위한 목적으로 제화공 전문학교를 설립하였다.

수많은 발리의 구두 제품 중에서 특히 발리만의 특별한 구두 기술이 탄생시킨 정교한 라인과 현대적인 모델의 스크리브 (Scribe) 라인의 개발은 보다 특별하고 세련된 감각과 품격을 지향하는 고객들의 기호를 충분히 만족시켜주는 제품으로 기억할 만한 것이다. 영국의 황태자가 골프 슈즈로 이 구두를 착용함으로써 발리의 스크리브 구두는 인기의 절정을 이루기도 했다. 고전적이면서도 유행에 뒤쳐지지 않으며 변함없는 전통 제작 공정 방식과 우수한 품질관리로 인해 발리의 슈즈는 세계에서 가장 편한 신발로 고객에게 인정받고 있다.

명품을 사랑한 사람들

세계 각국의 왕족과 귀족들이 누리던 사치스러운 생활에 있어 특히 중요한 부분을 차지하는 것이 바로 패션의 영역일 것이다. 프랑스 왕정시대까지 시대를 거슬러 올라간다면 루이 14세만큼 화려한 의상과 보석을 좋아했던 왕도 드물 것이다. 당시 왕의 직속 재단사와 재봉사들은 금장식과 온갖 휘황찬란한 구슬과 레이스, 비즈, 자수 장식 등 극도로 화려하고 사치스러운 직물로 왕을 위한 옷을 만들었다. '디자이너'라는 신분을 최초로 인정하고 패션에 관심이 많았던 루이 14세를 비롯하여 화려한 패션으로 패션사(史)에 이름을 남기고 있는 프랑스 궁정의 인물로는 루이 15세의 애인이었던 마담 뽕 빠두, 루이 16세의 왕비였던 마리 앙뜨와네뜨, 나폴레옹 제정시대의 죠세핀, 마리 루이스, 유제니 황후 등을 들 수 있다. 이들 왕족과 궁정 인물들의 패션에 대한 지대한 관심은 프랑스 패션 전반의 발전은 물론 명품 브랜드 탄생의 초석이 되었던 것으로 여겨진다.

프랑스에서뿐만이 아니라 패션계에 영향력을 행사한 기타 유럽 지역의 왕족과 귀족 가운데서 대표적인 인물로 영국의 에드워드 왕자를 들 수 있다. 그는 왕위를 포기하면서까지 미국의 이혼녀, 심프슨 여사와 결혼하였던 것으로 유명하지만 패션계에 있어서는 당대 독창적이고 개성적인 차림으로 남성복 패션을 리드했던 인물로도 기억된다. 에드워드 왕자와 심프슨 부부는 까르띠에, 티파니, 샤넬, 에르메스 등 세계 최고급 명품 브랜드의 주 고객이었으며 수많은 명품 브랜드 제품들을 사랑했다.

에르메스 브랜드의 대표적인 제품 중 하나인 켈리백의 주인공인 모나코의 왕비, 그레이스 켈리와 영국의 왕세자비였던 다이애나, 미국의 퍼스트 레이디였던 재클린 등은 당대의 유명 디자이너와 명품 브랜드의 애용자로써 늘 세인의 관심과 주목을 받았던 대표적인 패션 리더들로 기억되는 인물들이다.

위에서 살펴본 것처럼 고가의 명품을 소유하고 즐길 수 있었던 사람들은 그만큼 부와 명예, 혜택을 가지고 있던 왕실과 귀족, 특권층의 사람들이 대부분이었다.

1930년대부터 미국의 할리우드 영화가 개인의 라이프스타일 깊숙이 침투해 오면서 서서히 영화 속 배우들의 패션이 관심의 대상이 되었다. 프랑스와 미국 등의 유명 디자이너들은 앞 다투어 당대 최고의 인기를 누리던 할리우드의 여배우, 그 레타 가르보, 마들렌 디트리히, 잉그리드 버그만 등의 영화의 상을 담당하게 되었고, 그들 역시 명품 브랜드의 고객 리스트 에 오르게 되었다. 할리우드의 여배우 오드리 헵번은 그녀가 출연한 영화 중 무려 16편의 영화에서 프랑스의 디자이너 지 방시가 디자인한 의상을 입었으며, 오랫동안 그와 친밀한 관 계를 유지했다. 그리고 이들 여배우뿐만 아니라 스크린 속의 남성 배우들의 패션 역시 주목을 받았는데 「카사블랑카」에서 험프리 보가트가 빗속에서 입고 나온 바바리코트, 「위대한 개 츠비」와 '007 시리즈'의 주인공들이 입고 나온 잘 재단된 우 아하고 고급스러운 명품 브랜드의 남성 의상과 액세서리 등이 인기를 얻었다.

의상에서뿐만 아니라 이탈리아 명품 브랜드의 신발을 주문 하기 위해서 미국과 유럽의 유명 인사들은 자신의 전용 제트 기를 이용하기도 한다. 영화 「사브리나」에서 페라가모가 제작 한 납작한 플랫 슈즈를 신고 나왔던 오드리 헵번과 역시 페라 가모의 구두를 신고 지하철 통풍구 위에서 휘날리는 치맛자락 을 두 손으로 누르고 있는 마를린 먼로, 이탈리아의 대표적인 여배우 소피아 로렌 등이 페라가모의 주요 고객들이었다. 역 시 이탈리아 명품 구두 아 테스토니는 세계 정상의 테너 가수 루치아노 파바로티가 애용하는 제품이라고 한다.

이밖에도 수많은 스타와 유명 인사들이 세계 정상의 명품 브랜드와 디자이너 브랜드의 주 고객으로 알려져 있다. 세계적인 디자이너 브랜드와 명품 브랜드들은 공식·비공식적으로 그들 제품을 이들에게 협찬하거나 제공하면서 스타 마케팅의 효과까지 누리며 서로 긴밀한 상호 관계를 유지하고 있는 것이다.

1980년대 이후부터 각국의 명품 브랜드사는 명품의 대중화를 꾀하기 시작하면서 일반 계층을 주 고객층으로 흡수하기 시작했다. 1980년대 과시적인 소비로 명품 소비의 선두 대열에 섰던 계층으로 여피(yuppie)족이란 대표적인 집단이 있다. 도시에 거주하는 전문직 젊은이를 가리키는 여피들은 유명 상표를 중시하며 주로 명품이나 디자이너 브랜드 제품만을 소비하는 경향이 있다. 또 다른 명품 애용 집단으로는 자유분방하면서도 고급스러운 패션을 지향하는 성공한 대도시 남성들을 지칭하는 보보스(bobos)를 들 수 있다. L세대(Luxury-Genaration) 역시 중상류층 집단에 속하는 세대들로 대중들과 차별화하기 위한 수단으로 고급 제품과 해외 명품 브랜드를 선호하는 집단으로 분류된다. 이들 명품족(名品族)과 같이 세대와 계층을 불문하고 명품 브랜드 제품을 선호하는 고급 소비 지향 계층은 점차 늘어나고 있다.

참고문헌

『세계의 일류품』, 동방 출판사, 1989.

강준만, 『대중문화의 겉과 속 I』, 인물과 사상사, 2003.

낸시 에트코프, 이기문 옮김, 『美』, 살림, 2000.

데이비드 브룩스, 형선호 옮김, 『보보스』, 동방미디어, 2001.

디디에 크롬바크, 우종길 옮김, 『패션의 역사』, 도서출판 창, 1994.

밸러리 멘데스·에이미 드 라 헤어, 김정은 옮김, 『20세기 패션』, 시공사, 2003.

앤드류 터커·템신 킹스웰, 김은옥 옮김, 『패션의 유혹』, 예담, 2003.

엘리자베스 루즈, 이재한 옮김, 『코르셋에서 펑크까지』, 시지락, 2003.

잉그리드 로쉘·베아테 슈미트, 황현숙 옮김, 『패션의 클래식』, 예경, 2001.

잉그리트 로셰크, 이재원 옮김, 『여성들은 다시 가슴을 높이기 시작했다』, 한길아트, 2002.

제니퍼 크레이크, 정인희 외 옮김, 『패션의 얼굴』, 푸른소르, 2001.

제임스 B. 트위첼, 최기철 옮김, 『럭셔리 신드롬』, 미래의 창, 2003.

조미애, 『이것이 명품이다』, 시지락, 2002.

질 리포베츠키, 이득재 옮김, 『패션의 제국』, 문예 출판사, 1999.

클레어 필립스, 김숙 옮김, 『장신구의 역사』, 시공사, 1999.

패션과 명품

| 펴낸날 | 초판 1쇄 2004년 12월 30일 |
| | 초판 9쇄 2017년 10월 13일 |

지은이	이재진
펴낸이	심만수
펴낸곳	(주)살림출판사
출판등록	1989년 11월 1일 제9-210호

주소	경기도 파주시 광인사길 30
전화	031-955-1350 팩스 031-624-1356
홈페이지	http://www.sallimbooks.com
이메일	book@sallimbooks.com

| ISBN | 978-89-522-0318-2 04080 |
| | 978-89-522-0096-9 04080(세트) |

※ 값은 뒤표지에 있습니다.
※ 잘못 만들어진 책은 구입하신 서점에서 바꾸어 드립니다.

089 커피 이야기 `eBook`

김성윤(조선일보 기자)

커피는 일상을 영위하는 데 꼭 필요한 현대인의 생필품이 되어 버렸다. 중독성 있는 향, 마실수록 감미로운 쓴맛, 각성효과, 마음의 평화까지 제공하는 커피. 이 책에서 저자는 커피의 발견에 얽힌 이야기를 통해 그 기원을 설명한다. 커피의 문화사뿐만 아니라 커피에 대한 일반적인 정보 및 오해에 대해서도 쉽고 재미있게 소개한다.

021 색채의 상징, 색채의 심리

박영수(테마역사문화연구원 원장)

색채의 상징을 과학적으로 설명한 책. 색채의 이면에 숨어 있는 과학적 원리를 깨우쳐 주고 색채가 인간의 심리에 어떤 작용을 하는지를 여러 가지 분야의 사례를 통해 설명한다. 저자는 색에는 나름대로의 독특한 상징이 숨어 있으며, 성격에 따라 선호하는 색채도 다르다고 말한다.

001 미국의 좌파와 우파 `eBook`

이주영(건국대 사학과 명예교수)

진보와 보수 세력의 변천사를 통해 미국의 정치와 사회 그리고 문화가 어떻게 형성되고 변해왔는지를 추적한 책. 건국 초기의 자유방임주의가 경제위기의 상황에서 진보-좌파 세력의 득세로 이어진 과정, 민주당과 공화당의 대립과 갈등, '제2의 미국혁명'으로 일컬어지는 극우파의 성장 배경 등이 자연스럽게 서술된다.

002 미국의 정체성 10가지 코드로 미국을 말하다 `eBook`

김형인(한국외대 연구교수)

개인주의, 자유의 예찬, 평등주의, 법치주의, 다문화주의, 청교도 정신, 개척 정신, 실용주의, 과학·기술에 대한 신뢰, 미래지향성과 직설적 표현 등 10가지 코드를 통해 미국인의 정체성과 신념을 추적한 책. 미국인의 가치관과 정신이 어떠한 과정을 통해서 형성되고 변천되어 왔는지를 보여 준다.

058 중국의 문화코드

강진석(한국외대 연구교수)

중국의 핵심적인 문화코드를 통해 중국인의 과거와 현재, 문명의 형성 배경과 다양한 문화 양상을 조명한 책. 이 책은 중국인의 대표적인 기질이 어떠한 역사적 맥락에서 형성되었는지 주목한다. 또한, 구체적이고 실제적인 여러 사물과 사례를 중심으로 중국인의 사유방식에 대해 설명해 주고 있다.

057 중국의 정체성   eBook

강준영(한국외대 중국어과 교수)

중국, 중국인을 우리는 과연 어떻게 이해해야 하나? 우리 겨레의 역사와 직·간접적으로 끊임없이 영향을 주고받은 중국, 그러면서도 아직까지 그들의 속내를 자신 있게 말할 수 없는, 한편으로는 신비스럽고, 한편으로는 종잡을 수 없는 중국인에 대한 정체성을 명쾌하게 정리한 책.

015 오리엔탈리즘의 역사   eBook

정진농(부산대 영문과 교수)

동양인에 대한 서양인의 오만한 사고와 의식에 준엄한 항의를 했던 에드워드 사이드의 오리엔탈리즘. 이 책은 에드워드 사이드의 이론 해설에 머무르지 않고 진정한 오리엔탈리즘의 출발점과 그 과정, 그리고 현재와 미래의 조망까지 아우른다. 또한 오리엔탈리즘이 사이드가 발굴해 낸 새로운 개념이 결코 아님을 역설한다.

186 일본의 정체성   eBook

김필동(세명대 일어일문학과 교수)

일본인의 의식세계와 오늘의 일본을 만든 정신과 문화 등을 소개한 책. 일본인을 지배하는 이데올로기는 무엇이고 어떤 특징을 가지는지, 일본을 주목해야 하는 이유는 무엇인지 등이 서술된다. 일본인 행동양식의 특징과 토착적인 사상, 일본사회의 문화적 전통의 실체에 대한 분석을 통해 일본의 정체성을 체계적으로 살펴보고 있다.

261 노블레스 오블리주 세상을 비추는 기부의 역사

예종석(한양대 경영학과 교수)

프랑스어로 '높은 사회적 신분에 상응하는 도덕적 의무'를 뜻하는 노블레스 오블리주. 고대 그리스부터 현대까지 이어지고 있는 노블레스 오블리주의 역사 및 미국과 우리나라의 기부 문화를 살펴보고, 새로운 시대정신으로 노블레스 오블리주를 부활시킬 수 있는 가능성을 모색해 본다.

396 치명적인 금융위기, 왜 유독 대한민국인가   eBook

오현규(한국경제신문 논설위원)

이 책은 전 세계적인 금융 리스크의 증가 현상을 살펴보는 동시에 유달리 위기에 취약한 대한민국 경제의 문제를 진단한다. 금융안정망 구축 방안과 같은 실용적인 경제정책에서부터 개개인이 기억해야 할 대비법까지 제시해 주는 이 책을 통해 현대사회의 뉴노멀이 되어 버린 금융위기에서 살아남는 방법을 확인해 보자.

400 불안사회 대한민국, 복지가 해답인가   eBook

신광영 (중앙대 사회학과 교수)

대한민국 사회의 미래를 위해서 복지는 선택이 아니라 필수라고 말하는 책. 이를 위해 경제 위기, 사회해체, 저출산 고령화, 공동체 붕괴 등 불안사회 대한민국이 안고 있는 수많은 리스크를 진단한다. 저자는 사회적 위험에 대응하기 위한 복지 제도야말로 국민 모두의 삶의 질을 높일 수 있는 길이라는 것을 역설한다.

380 기후변화 이야기   eBook

이유진(녹색연합 기후에너지 정책위원)

이 책은 기후변화라는 위기의 시대를 살면서 우리가 알아야 할 기본지식을 소개한다. 저자는 기후변화와 관련된 핵심 쟁점들을 모두 정리하는 동시에 우리가 행동해야 할 실천적인 대안을 제시한다. 이를 통해 독자들은 기후변화 시대를 사는 우리가 무엇을 해야 할 것인지에 대하여 생각해 볼 수 있을 것이다.

eBook 표시가 되어있는 도서는 전자책으로 구매가 가능합니다.

(주)살림출판사
www.sallimbooks.com
주소 경기도 파주시 문발동 522–1 | 전화 031–955–1350 | 팩스 031–955–1355